Éline Roch

Ce que vaut
une femme

*Traité d'éducation morale et pratique
des jeunes filles*

CE QUE VAUT UNE FEMME

Traité d'éducation morale et pratique des jeunes filles[1]

Ouvrage ayant obtenu le prix DOYEN-DOUBLIÉ (partagé)

Par Mlle É. ROCH

Publié par OMNIA VERITAS LTD

www.omnia-veritas.com

---

[1] Ce livre est destiné à propager dans les classes laborieuses les préceptes de l'économie domestique, et faciliter l'accomplissement des devoirs familiaux.

PRÉFACE 1

ÉDUCATION MORALE 11

La jeune fille dans la famille 11

LA JEUNE FEMME DANS SON INTÉRIEUR 31

Devoirs envers le mari et les enfants 31

DES QUALITÉS QU'IL FAUT ACQUÉRIR 81

RAPPORTS AVEC LES VOISINS 95

ÉDUCATION PRATIQUE 103

Considérations morales sur les vertus pratiques de la femme 103

LA JOURNÉE D'UNE MÉNAGÈRE. 113

Tenue de la maison et tenue personnelle 113

ÉCONOMIE DOMESTIQUE 123

La nourriture l'habillement 123

L'habillement 148

CONCLUSION **153**

PRÉFACE

À Madame DOYEN-DOUBLIÉ

Parmi les questions qui depuis quinze ans n'ont cessé de préoccuper les esprits et les pouvoirs publics, il faut citer l'une des premières, et peut-être la première de toutes, la question de l'enseignement national. Quel que soit le jugement que l'histoire portera sur notre époque, ce sera son éternelle gloire d'avoir compris, au lendemain de nos désastres, que la condition de notre relèvement était dans un enseignement fortement organisé, et de n'avoir reculé pour cela devant aucun sacrifice. Prenant pour exemple ce qui, après Iéna, avait si bien réussi à nos vainqueurs, on a pensé qu'il fallait, avant tout, combattre l'ignorance, relever les caractères, fortifier les courages, en un mot faire des citoyens avant de faire des soldats. Un effort sans précédent a été fait sous ce rapport, d'immenses progrès ont été réalisés, et on peut dire, sans crainte de contradiction, que si l'on avait obtenu dans tous les services les mêmes améliorations, notre situation serait aujourd'hui prépondérante. Faut-il croire cependant que tout a été fait et qu'il ne reste plus qu'à s'endormir sur les résultats acquis, sans se préoccuper de ce qu'ils pourront produire dans l'avenir.

Dans la nécessité où l'on s'est trouvé de créer de toutes pièces un enseignement jusque-là trop négligé, on a oublié d'établir un point de départ, c'est-à-dire de bien préciser dans quel esprit cet enseignement devrait être donné. Sans entrer ici dans la question du surchargement des programmes dans l'enseignement secondaire, question qui, à elle seule, ferait l'objet d'un volume, nous nous demandons si le but qu'on s'était proposé a véritablement été atteint, et si la méthode actuelle, qui consiste à donner trop à l'instruction proprement dite, pas assez à l'éducation, ne menace pas de nous affaiblir en nous énervant.

S'il est vrai qu'une culture intensive ne saurait convenir à tous les terrains, il est certain aussi qu'une même culture intellectuelle ne pourrait sans inconvénient s'appliquer à tous les individus et qu'il est des cerveaux que ce moyen ne parviendrait qu'à atrophier et déséquilibrer. L'éducation, qui a plutôt pour mission de former le caractère, de développer les qualités du cœur, ne présente pas le même danger ; il serait temps de lui faire, dans nos programmes, une place en rapport avec son incontestable utilité. N'avons-nous pas vu des connaissances multiples demeurer sans objet, ne produire aucun résultat, parce que l'éducation morale et pratique étant insuffisamment ou mal dirigée, nous manquons de l'objectif, de la force de volonté nécessaire pour les utiliser ? C'est ce point qu'il importe de dégager, surtout à notre époque où les caractères manquent trop souvent de fermeté et de consistance.

Le but de l'enseignement ne doit pas être de détourner les individus de leur vocation première, mais au contraire de la bien définir, de la leur faciliter en l'élargissant. Ce but, en un mot, doit être, en développant également les intelligences et les caractères, de donner à chacun dans la société une situation en rapport avec ses aptitudes, et cela pour le plus grand bien de tous. Si l'enseignement n'atteint pas ce but, il est incomplet ; s'il le dépasse, il est dangereux. Dans le premier cas la communauté se trouvera privée de concours qui auraient pu lui être précieux ; dans le second, des individus, fourvoyés dans un milieu qui n'est pas le leur, formeront une section de déclassés, deviendront une non-valeur pour eux-mêmes, leur famille et la société.

Si cette situation peut créer un danger pour les garçons, combien ce danger ne sera-t-il pas plus grand en ce qui concerne les jeunes filles. C'est surtout à elles qu'il importe de donner une éducation en rapport avec la mission qu'elles sont appelées à remplir. Qu'adviendrait-il de notre pays le jour où la femme se trouverait détournée de sa destination naturelle, où la jeune fille pourrait supposer qu'il existe autre chose pour elle que la mission noble et sainte d'être épouse, d'être mère. C'est la pensée de cette mission, nous dirons plus, de cet apostolat de la femme dans la famille qui devrait être l'unique règle de son éducation, et rien ne devrait lui être enseigné qui n'ait pour but plus ou moins direct d'en faire la fille dévouée, la mère sage et prévoyante, l'épouse tendre et digne, c'est-à-dire l'ornement, la consolation, le soutien moral de la famille. C'est à son cœur autant qu'à son intelligence qu'il faut que l'on s'adresse, c'est à en développer les qualités que doivent s'employer les personnes ayant charge de son avenir. Aucune connaissance inutile, mais toutes les connaissances nécessaires, ce programme est assez vaste pour donner un aliment plus que suffisant à leur activité.

Une femme d'esprit et de cœur demandait que l'on élevât la jeune fille en vue de sa destinée future. C'est encore une femme à l'esprit élevé, au cœur généreux, qui, près d'un siècle plus tard, a recherché les moyens pratiques les plus propres à lui faciliter sa tâche. S'il est une femme qui ait rendu d'incontestables services à la famille, à la société et par suite au pays, c'est sans contredit la femme supérieure et distinguée dont notre cité s'honore. Tournant toute sa sollicitude vers les déshérités de la fortune, vers ceux qui doivent demander au travail les ressources de chaque jour, Mme Doyen s'est émue des souffrances des classes laborieuses. C'est avec la pensée noble et généreuse de leur venir en aide qu'elle créa l'École Professionnelle et Ménagère, qui restera comme le témoin de sa sollicitude éclairée et perpétuera sa mémoire. Pensant avec raison que ceux qui luttent pour l'existence ont un plus grand besoin de la solidarité intime, de l'union qui fait la force, Mme Doyen s'est efforcée par ses conseils et ses exemples, par tous les moyens en son pouvoir, d'inspirer plus particulièrement à leurs enfants l'amour du foyer domestique, le dévouement à la famille. Mais comme il ne saurait suffire que la femme fût aimante et dévouée, et qu'en certains cas ces vertus doivent donner des résultats matériels, elle s'est appliquée à leur inculquer les principes de travail, d'ordre et d'économie dont dépendent son bien-être et celui des siens. Car, il faut bien le reconnaître, si l'état de gêne, de misère parfois de l'ouvrier, provient souvent de l'insuffisance de ses ressources, il est plus fréquemment encore le résultat de diverses autres causes et plus particulièrement de la gestion mauvaise ou mal entendue dont la femme a la charge. Plus un budget est restreint, plus il est difficile de l'équilibrer, plus il faut déployer pour cela de prudence, de sage économie, d'adroits calculs. Combien de femmes en sont incapables, faute d'y avoir été préparées. C'est à cette tâche que s'est dévouée Mme Doyen ; elle a rendu ainsi à la masse des travailleurs des services plus grands que ne l'ont fait beaucoup d'hommes auxquels on a élevé des statues.

Qu'elle soit honorée et bénie, la mémoire de celle qui a consacré le meilleur d'elle-même à l'émancipation morale de la femme. Elle n'a pas seulement fait œuvre de mère, elle a fait acte de patriote. Puissent d'autres femmes suivre son exemple. L'œuvre des conquérants périra, parce qu'elle repose sur la négation de la justice et des droits de l'humanité, mais la pensée qui a présidé à son entreprise, en apparence modeste, demeurera et produira des fruits pour le relèvement de la patrie. Les jeunes filles élevées d'après ses principes deviendront les mères fortes et sages qui apprendront à leurs fils le culte du pays, le respect de la propriété et des croyances d'autrui, l'accomplissement des devoirs sociaux. Elles en feront des hommes courageux, au caractère fortement trempé, en un mot de bons citoyens et de fiers défenseurs. Et l'on saura alors ce que vaut une femme, ce que vaut une Française !

ÉDUCATION MORALE

LA JEUNE FILLE DANS LA FAMILLE

Il est de nos obligations et de nos devoirs qui varient suivant la position sociale à laquelle nous appartenons, mais ce qui ne saurait varier, ce qui est un devoir strict pour toutes, que nous soyons filles de prince ou de simple artisan, c'est le dévouement à notre famille, l'attachement au foyer domestique. Et plus ceux qui nous entourent ont dû peiner et souffrir pour assurer notre existence, plus nous leur devons de reconnaissance et d'affection. Pour bien connaître la valeur d'un bienfait, il faut, dit-on, en avoir été privé ; n'attendons pas que nous ayons le malheur d'être privées ou éloignées des nôtres pour comprendre ce que nous devons à leur tendresse, à leur sollicitude. Abandonnons-nous sans réserve aux douces joies de la famille, accomplissons-en toutes les obligations, c'est là qu'est le bonheur, le vrai, le seul, celui que donne le sentiment du devoir accompli. N'oublions pas que notre mission sur la terre est d'aimer, de nous dévouer, de nous oublier pour les nôtres, et que le plus grand malheur pour une femme serait de n'avoir personne à qui consacrer ce que la nature a mis en elle de tendresse et de dévouement.

Aimons d'abord ceux qui nous ont aimées les premiers, qui ont mis en nous leur espoir avant même que nous ne fussions nées. Ils étaient jeunes encore lorsque nous étions toutes petites, ont-ils hésité un seul instant à sacrifier leur jeunesse, à se priver de toute distraction et parfois même des choses les plus nécessaires à la vie, pour ne s'occuper que du cher bébé. Leurs joies, c'étaient nos premiers pas, c'étaient nos sourires, nos caresses. Quelles angoisses lorsque la maladie nous menaçait et que, penchés sur notre berceau, ils épiaient le moindre de nos mouvements. Quelles privations aussi n'ont-ils pas dû s'imposer pour nous élever sans que nous manquions de rien, et quelle douleur pour eux quand, malgré leurs efforts, ils ne pouvaient nous procurer tout le bien-être nécessaire. Et lorsque nous avons avancé en âge, quels soucis de tous les instants pour le présent et pour l'avenir. Ils nous ont fait ce que nous sommes, veillant sur notre santé, sur notre éducation, sur notre conduite, s'oubliant eux-mêmes en toutes circonstances pour ne songer qu'à nous. Aussi n'insisterons-nous pas sur l'obligation d'aimer nos parents, il n'existe pas sans doute d'enfant assez dénaturée à qui cette recommandation serait nécessaire, mais nous dirons qu'il ne suffit pas de les aimer platoniquement, qu'il faut leur témoigner notre affection par tous les moyens en notre pouvoir en saisissant avec empressement toutes les occasions de leur être agréables, en évitant avec soin tout ce qui pourrait les contrarier, en les entourant constamment de nos soins, de nos prévenances et de notre respect. N'oublions pas que de nous seules peuvent leur venir leurs plus grandes peines comme leurs plus grandes joies, et faisons en sorte de ne leur donner que des satisfactions en échange des sacrifices que nous leur avons coûtés.

Ce n'est pas seulement pendant nos premières années que nous devons les respecter et les chérir. Si nous pouvions manquer à notre devoir sous ce rapport, la jeunesse et l'irréflexion seraient notre seule excuse. C'est au contraire lorsque nous avançons en âge qu'ils doivent pouvoir compter sur notre reconnaissance et notre affection. Aussitôt que nous serons en situation de pouvoir travailler et que nos parents seront eux-mêmes fatigués par l'âge et le labeur, mettons-nous à l'œuvre courageusement pour diminuer leurs peines ; c'est notre devoir de travailler pour eux comme ils l'ont fait pour nous. Rendons-nous utiles autant que nous le pouvons ; si nos occupations ne nous obligent pas à passer la journée au dehors, soyons pour notre mère un aide constant, ne lui laissons prendre dans l'intérieur du ménage aucune peine, aucune fatigue que nous pouvons lui éviter. Il serait par conséquent peu digne d'une jeune fille que sa mère fût obligée d'interrompre ses occupations pour préparer le repas de la famille ou nettoyer la maison, pendant qu'elle-même gaspillerait son temps ou s'occuperait de futilités. Il nous est donné parfois d'admirer et d'applaudir des jeunes filles qui, par leur travail, soutiennent leurs parents âgés ou les aident à élever leurs frères et sœurs plus jeunes ; suivons leur exemple, et qu'en toute circonstance notre famille puisse compter sur notre dévouement. Nous ne devons, certes, mépriser personne, mais ce serait un mépris juste et mérité que celui que nous aurions pour l'enfant assez dépourvu de conscience et de naturel pour manquer de respect envers ses parents ou leur refuser l'aide et les secours dont ils auraient besoin.

N'oublions pas que la déférence à laquelle nous sommes tenues nous interdit de nous poser en juges de leurs actes, et que ce n'est pas à nous qu'il appartient de les critiquer. Quels que puissent être parfois leurs torts et leurs défauts, nous n'en devons pas moins les respecter et les aimer, et nous efforcer de cacher au monde leurs faiblesses. Qui sait si par notre tendresse nous ne parviendrons pas à les rendre meilleurs, si la crainte de nous peiner, de nuire à notre avenir, n'amènera pas en eux de salutaires réflexions, une amélioration dans leur conduite. Les affections et les exemples de la famille sont de tous les plus fortifiants. Une femme, une jeune fille, qui sauront créer au mari, au père, au frère, un intérieur tout de tendresse, de gaieté, de confort relatif, auront de grandes chances de les retenir auprès d'elles et d'éviter ces divisions, ces luttes intimes, qui rendent parfois l'existence en famille si dure et si pénible à supporter.

Il y avait chez mes parents, et j'en ai fidèlement gardé le souvenir, quoique je fusse alors très jeune, un ouvrier que l'on renommait pour son habileté et ses rares talents. Y avait-il un ouvrage pressé, exigeant de l'expérience et de l'adresse, c'était à lui que l'on avait recours. Honnête homme, excellent camarade, il était aimé de tous à l'atelier : malheureusement il avait ce défaut, si fréquent parmi les ouvriers des états libres, il s'adonnait à la boisson, et alors adieu le travail ; tant que durait l'argent de la quinzaine, on était sûr de ne pas le revoir. Que de fois n'avions-nous pas vu sa pauvre femme, désespérée, venir le jour de la paie supplier qu'on lui remît l'argent de son mari, et mon père y consentait de grand cœur, certain que B... n'oserait pas opposer de résistance et sachant aussi que c'était le seul moyen de le voir revenir le lundi suivant. Depuis, nous l'avions complètement perdu de vue, nous avions bien entendu dire qu'il avait une petite fille et nous plaignions la malheureuse femme, laborieuse et propre pourtant, que l'inconduite de son mari allait, pensions-nous, plonger dans la misère avec son enfant.

Dernièrement, ayant besoin d'un spécialiste pour un ouvrage de peu d'importance, je m'informai où je pourrais le trouver, et celui que l'on m'indiqua fut précisément notre ancien ouvrier. Je m'attendais à trouver chez lui la désunion et la misère. Quels ne furent pas mon étonnement et ma satisfaction en le voyant dans une situation telle que je pouvais à peine y croire. La maison propre et bien tenue respirait un air de confort, la mère et la jeune fille paraissaient heureuses et gaies. B... qui parut me revoir avec plaisir, m'expliqua qu'il s'était établi à son compte et qu'ayant beaucoup d'ouvrage il gagnait sa vie largement. C'est ma fille qui m'a sauvé, me dit-il.— Un jour que j'avais dépensé tout l'argent de ma paie, nous étions sans un sou à la maison lorsque la petite tomba dangereusement malade. Comment faire pour la soigner, nous étions endettés dans le quartier et le pharmacien ne me connaissait pas. Pour la première fois de ma vie, je compris toute l'étendue de mes torts et je me fis horreur : si ma fille était morte, certainement je me serais tué. Je jurai de ne plus boire, mais combien d'abord ce fut difficile. Je me conduisais mieux cependant, et plus jamais ne manquais à l'atelier. Et puis en grandissant ma fillette devenait si caressante et si gentille, elle avait pour moi tant d'aimables prévenances que je m'attachai à elle de plus en plus. Je me dis qu'après avoir failli ne pas pouvoir la soigner, il me deviendrait impossible de la bien élever, de la marier plus tard convenablement. Dès que j'eus fait ces réflexions, je cessai complètement de boire, et vous, madame, qui m'avez connu, vous pouvez être étonnée de ce changement, c'est à ma femme et à ma fille que je le dois. Et je sentais qu'à l'affection qu'il leur porte se mêlait une grande reconnaissance.

Cet exemple et beaucoup d'autres que bien certainement vous aurez rencontrés, prouve combien est forte l'influence de la femme dans la famille et combien dans la plupart des cas il lui serait facile de ramener l'homme à l'accomplissement de ses devoirs. Il n'existe pas, à notre avis, de plus légitime fierté que celle de l'enfant qui pourrait avoir cette intime conviction d'avoir moralement sauvé ses parents, de les avoir aidés à se relever à leurs propres yeux et à ceux des autres.

Si nous avons des frères et sœurs, aimons-les tendrement, intéressons-nous à tout ce qui les concerne. S'ils sont plus jeunes que nous, ayons à cœur d'aider nos parents à les bien élever, à leur inspirer de bons sentiments, ne leur donnons nous-mêmes que de bons exemples. Protégeons-les en toute occasion, et remplaçons auprès d'eux notre mère, si des circonstances malheureuses viennent à les en priver. S'ils sont nos aînés reconnaissons-leur une certaine part d'autorité sur nous, acceptons leurs conseils ; en tous cas évitons de les taquiner, de leur causer de la peine. N'agissons jamais envers eux avec cette acrimonie qui amène parfois de si regrettables divisions entre les enfants d'une même famille. Habituons-nous de bonne heure à supporter et à nous pardonner mutuellement nos défauts de caractère. Que de relations gâtées ou irrémédiablement perdues qui auraient pu être les meilleures de notre vie, parce que nous n'avons pas su resserrer les liens d'amitié que la nature avait créés entre nous, parce que sous le coup de puériles susceptibilités, nous avons par égoïsme, par orgueil ou par jalousie blessé ceux que le Ciel nous avait donnés pour compagnons de notre jeunesse, pour amis les plus intimes de toute notre existence.

Ce serait une erreur de croire que les égards, la politesse, les convenances n'existent que pour être pratiqués envers les étrangers. Nous n'avons pas l'intention d'énumérer ici les règles du savoir-vivre, cela nous entraînerait trop loin : d'autres, d'ailleurs, l'ont fait avant nous avec plus de succès que nous n'en pourrions prétendre. Disons seulement que les usages qu'une bonne éducation nous impose envers les indifférents, ne doivent être suivis qu'avec plus d'empressement dans l'intérieur de la famille. Nous y gagnerons du reste de toutes façons, d'abord en nous faisant aimer de notre entourage, ensuite en contractant l'habitude des bonnes manières qui, sans cela, n'étant pratiquées que momentanément, auraient quelque chose d'affecté, c'est-à-dire de ridicule.

Lorsque l'on verra une jeune fille respectueuse et dévouée pour ses parents, polie et bienveillante envers tous, s'occupant avec diligence des soins du ménage tout en conservant sur elle-même cette apparence de propreté qui la rend si charmante, l'on sera naturellement disposé envers elle à l'estime et à la sympathie. C'est alors que ceux qui désirent fixer leur avenir porteront leurs vues sur elle, pensant avec raison que celle qui est bonne fille, bonne sœur, sera bonne épouse et bonne mère.

De tous les actes de la vie, le mariage est le plus important, celui qui implique les plus graves conséquences et qui demande, par suite, le plus de réflexion. De l'union que vous contracterez, de la manière dont vous vous comporterez, dépendent le bonheur et la tranquillité de votre existence, de celle de vos enfants et de toute votre famille. Nous ne saurions trop insister sur la nécessité d'arriver à cette époque de votre vie avec le sentiment absolu et bien défini de vos devoirs. Le mariage étant l'état auquel vous êtes destinées, il est indispensable que vous soyez instruites des obligations qu'il impose.

Les préliminaires du mariage ne sont pas les mêmes dans toutes les classes de la société. Tandis que, dans une situation aisée, les parents s'occupent de l'établissement de leurs enfants et les mettent soigneusement à l'abri de toute fréquentation dangereuse, les jeunes filles de la classe ouvrière, forcées par leur travail de sortir seules, jouissant d'une plus grande liberté, se trouvent exposées à des rencontres qui, pour être parfois inévitables, n'en présentent pas moins de sérieux inconvénients. Nous n'avons pas à nous préoccuper ici de celles qui trouvent au sein de leur famille conseils et protection, c'est aux jeunes filles qui, privées par la nécessité de la surveillance de leurs parents, sont obligées de se diriger elles-mêmes, que nous voudrions adresser quelques observations.

Si vous êtes soucieuse de votre avenir, si vous tenez à vous marier honorablement, quoique ne possédant pas de fortune, faites d'abord en sorte que votre conduite ne donne jamais lieu à la moindre critique, au plus léger soupçon. Si, par la nécessité de votre profession, vous vous trouvez en rapport avec des jeunes gens, ne vous permettez jamais avec eux la moindre liberté, et sans cesser d'être aimable et polie, observez une certaine réserve dans vos manières et votre langage. Ne fréquentez jamais non plus d'autres jeunes filles dont la conduite ne serait pas irréprochable ou dont le laisser-aller pourrait donner lieu à de fâcheuses suppositions ; c'est en vous respectant vous-même que vous vous ferez respecter des autres. Mettez toujours au-dessus de toutes choses le soin de votre dignité, et quelle que soit la situation que puissent vous créer les évènements, ne vous commettez jamais avec des gens de mœurs dépravées, d'habitudes et de goûts grossiers ; faites en sorte de pouvoir entendre citer sans rougir le vieux dicton : « Dis-moi qui tu hantes, je te dirai qui tu es. » Jamais d'ailleurs un homme de quelque mérite, ne fût-il qu'un ouvrier, ne consentira à donner son nom à une personne dont les fréquentations ou la conduite seraient pour lui un sujet de honte.

Quelle que soit la position sociale de vos parents, quelles que puissent être même leurs fautes et leurs erreurs, ne songez jamais à vous marier contre leur volonté. C'est là la plus grande peine que vous puissiez leur faire, le plus complet manque de respect qu'il vous soit possible de leur infliger. Vos parents qui connaissent la vie, qui en ont l'expérience, seront meilleurs juges que vous-même des conditions propres à assurer votre bonheur. Ils n'ont en vue que le bien de votre avenir, et s'ils s'opposent à des projets qui vous sont chers, c'est qu'ils prévoient pour vous de cruelles déceptions. Les unions contractées dans ces conditions réussissent d'ailleurs rarement au gré des intéressés, l'accord des familles étant, en cette circonstance, ce qu'il y a de plus profitable.

Dans le cas où, au cours de vos absences de la maison paternelle, vous vous trouveriez recherchée par un jeune homme dont les intentions vous paraîtraient honnêtes, faites-en part de suite à vos parents. Souvenez-vous que vous leur devez compte de vos actions et qu'il vous est interdit de leur cacher quoi que ce soit. Votre mère, en pareille circonstance, est tout indiquée pour être votre confidente. C'est auprès d'elle que vous trouverez les utiles conseils dont a besoin votre inexpérience, c'est dans sa tendresse éclairée qu'elle puisera les ressources qui éloigneront de vous le danger et assureront votre avenir.

N'attachez pas trop d'importance à la situation pécuniaire d'un prétendant, ni même à ses avantages physiques ; préoccupez-vous surtout de ses qualités morales, de son intelligence, de sa conduite, c'est de cela que dépend votre bonheur. Disons-le bien haut, du reste, à la louange de la classe ouvrière, ce n'est pas dans son sein que l'on rencontre le plus souvent ces associations où la question d'intérêt a tenu plus de place que l'inclination naturelle des futurs époux. En nous résumant, nous vous dirons ceci : regardez un bel homme, écoutez un homme d'esprit, mais n'aimez jamais qu'un homme de cœur. C'est l'oiseau rare que je vous souhaite....

La jeune femme dans son intérieur

Devoirs envers le mari et les enfants

Votre mari a droit à toute votre tendresse, c'est le premier devoir que le mariage vous impose. Si quelque chose en lui vous déplaisait, si vous pensiez ne pas pouvoir l'aimer, il eût mieux valu en faire part à votre famille, et refuser de contracter une union dont serait exclu le sentiment qui en fait le charme et la moralité. Mais du jour où vous l'avez librement accepté, votre existence cesse en quelque sorte de vous appartenir et doit être entièrement consacrée au bonheur de celui dont vous portez le nom. Vous ne cessez pas pour cela d'être la fille respectueuse et dévouée de vos parents, vous ne retirez rien à votre famille de vos premiers sentiments, mais vous êtes mariée et à cet état nouveau s'attache pour vous des obligations nouvelles.

Vous devez aimer votre mari, vous lui devez, nous le répétons, une tendresse inaltérable et un dévouement sans bornes. N'objectez pas qu'il n'est pas tel que vous l'aviez supposé avant votre mariage, qu'il ne possède pas telle qualité dont vous le croyiez doué, qu'il a tel défaut dont il s'était bien gardé de paraître affligé. Vous n'aviez pas, je suppose, la prétention d'épouser un homme parfait, cette exigence ne se justifierait pas, n'étant pas vous-même d'une perfection défiant la critique. En effet, ne l'avez-vous pas quelque peu trompé, vous aussi ? Lorsque vous étiez sa fiancée, n'avez-vous pas dissimulé avec soin vos petits travers, et fait parade de toutes les qualités que vous pensiez lui être agréables ? Et si en sa présence vous aviez laissé brûler le rôti, si vous vous étiez laissée aller à quelque accès de mauvaise humeur, êtes-vous bien certaine qu'il vous eût épousée ?

Ce qui amène le plus souvent de part et d'autre, au lendemain du mariage, d'amères déceptions, c'est cette idée préconçue que l'on va jouir d'un bonheur sans mélange, que l'on n'aura jamais rien à se reprocher mutuellement. Et comme la réalité est toujours inférieure au rêve, il arrive que l'on se croit lésé, alors que l'on s'était illusionné seulement. Si l'on arrivait au mariage avec ce raisonnement plus pratique, que rien en ce monde ne saurait être parfait, que l'existence des époux doit être faite de concessions réciproques, peut-être se trouverait-on plus heureux. Sans doute il a des défauts, votre mari, mais s'il est honnête homme et s'il a pour vous de la tendresse, il faut l'aimer non-seulement parce qu'il vous aime, mais aussi pour la confiance qu'il vous témoigne en s'en remettant à vous du soin de l'honneur de son nom et du bonheur de sa vie.

Songez aussi à ce que serait votre existence sans le mari, qui, avec une situation régulière, vous donne appui et protection ? Il n'y a pas que du ridicule et des dangers dans la position de vieille fille. Quels que puissent être les motifs qui vous aient éloignée du mariage ou les circonstances qui pour vous l'aient rendu impossible, il viendra toujours un moment pénible entre tous, le moment cruel de l'isolement, où vous serez privée de vos parents et où vous regretterez amèrement de n'avoir pas de famille. Et à ce propos laissez-nous vous mettre en garde contre cette prétention exagérée qu'ont parfois les jeunes filles de trouver un époux d'une condition relativement supérieure à la leur ou à celle de leur famille. Oh ! nous savons bien que ce n'est pas la question d'intérêt qui vous guide : vous ne demandez pas qu'il ait de la fortune, mais vous le voudriez doué de toutes sortes d'avantages physiques et intellectuels, gagnant largement sa vie, toutes choses enfin qui se trouvant réunies en un jeune homme, lui permettent d'aspirer à une union plus brillante et plus fortunée. Nous ne saurions blâmer en vous ce sentiment si légitime et si naturel, propre à toute âme bien née, de désirer que votre mari ne fût pas le premier venu. Mais il est certain, des exemples quotidiens le prouvent, qu'une jeune fille sage doit souvent renoncer à des partis auxquels elle aurait pu raisonnablement prétendre et se contenter d'un autre moindre, parce qu'en somme l'homme reste toujours le maître de la situation, et qu'il vaut mieux être modeste dans ses exigences que de renouveler la mésaventure du héron, qui ayant, pour son repas, dédaigné le menu fretin, dut, son estomac criant famine, se contenter d'un limaçon.

Nous savons bien qu'il est des circonstances qui rendent difficile, si ce n'est impossible, l'établissement d'une jeune fille, et que telle personne élevée en vue d'une certaine position, se résoudra difficilement, même après des revers de fortune, à se marier dans des conditions dont sa fierté souffrirait ; mais ce cas est tout-à-fait accidentel, et si vous n'en êtes pas les victimes, vous n'avez pas à en subir les conséquences. En somme, le mariage, pour n'être pas toujours un état parfait, est encore le moins imparfait que vous puissiez choisir.

Vous devez aussi a votre mari fidélité et obéissance. À des jeunes filles qui seront d'honnêtes femmes, nous n'avons rien à dire du premier point, mais nous appelons votre attention sur le second.

L'obéissance que vous devez à votre époux n'est pas celle à laquelle vous étiez accoutumée envers vos parents. Tandis qu'alors vous n'encouriez aucune responsabilité et qu'à ceux-ci vous deviez obéir sans discuter, il vous faudra, dans la soumission que vous accorderez à votre mari, conserver le sentiment de vos droits, de vos intérêts et de ceux de vos enfants, si parfois il venait à les méconnaître. Faudra-t-il donc, nous direz-vous, obéir aveuglément et toujours ? Eh bien, dussions-nous être lapidée par le sexe fort, nous vous dirons : non, il ne faut pas obéir malgré tout et en toute occasion, mais il ne faut désobéir que lorsque vous avez cent fois raison de le faire, c'est-à-dire dans des cas absolument graves, dans des circonstances exceptionnelles. Une femme qui, par un sot orgueil, prendrait plaisir à contrecarrer en toute occurrence les idées de son mari pour faire prévaloir les siennes, ou qui méconnaîtrait son autorité au point d'entrer avec lui en lutte ouverte pour des futilités, sur des questions de peu d'importance n'impliquant en rien l'avenir, non-seulement cette personne manquerait à tous ses devoirs, mais elle commettrait la plus insigne folie, perdrait à tout jamais la paix de son ménage et s'exposerait aux plus graves désagréments. D'ailleurs une femme aimant son mari et possédant quelque peu de tact, sait généralement, le cas échéant, sauvegarder les intérêts communs de la famille sans troubler la bonne harmonie de son intérieur, et donner à la soumission requise le caractère qui lui convient.

Pour éviter des froissements toujours désagréables, parfois pénibles et gros de conséquences, nous vous conseillons fort, pendant les premiers temps de votre mariage, de bien étudier le caractère de celui auquel vous êtes unie. C'est peut-être cette époque, qu'à tort ou à raison l'on qualifie de lune de miel, qui sera pour vous la plus difficile. En effet, vous ne connaissez pas encore votre mari, et lui-même n'a pas eu le temps de vous apprécier ; il faudra vous observer constamment pour lui donner de vous-même la meilleure opinion possible et achever par l'estime de conquérir son cœur. Pendant cette période d'observation, vous rencontrerez en lui des qualités sérieuses, des dons naturels que vous pourrez développer encore, et des défauts dont il faudra bien vous garder de paraître offusquée, ni témoigner trop tôt l'intention de l'en corriger. N'agissez en ce dernier point qu'avec la plus grande circonspection, car autrement, la question d'amour-propre s'en mêlant, vous risqueriez de n'y pas réussir. C'est graduellement, par le raisonnement et par l'exemple, qu'il faudra vous efforcer de combattre ce qui vous déplaît en lui. Ne laissez pas paraître, autant que possible, la différence de goûts et d'humeur qui pourrait exister entre vous ; allez au-devant de ses désirs, même s'ils sont en opposition avec les vôtres, de manière à lui être agréable en toutes choses, sans vous trouver dans l'obligation de céder. Il vous sera toujours moins pénible de sacrifier vos préférences que de créer un conflit dont vous ne sortiriez que froissée dans votre amour-propre.

Ce n'est pas seulement à votre mari qu'il faudra vous efforcer de plaire. Par le fait de votre mariage, ses parents, sa famille deviendront les vôtres, et sous peine des plus grandes perturbations dans votre intérieur, il faudra, par tous les moyens en votre pouvoir, chercher à vous les attacher. Pour éviter de froisser qui que ce soit, traitez en tout, au moins en apparence, les parents de votre mari comme vous le faites des vôtres. Soyez avec vos beau-père et belle-mère ce que vous êtes avec vos parents ; écoutez leurs avis avec déférence, et s'ils vous paraissent sages et conformes à vos intérêts, mettez-les à profit. Si, au contraire, vous croyez devoir n'en pas tenir compte, expliquez vos raisons de manière à ne les pas blesser, et toujours avec douceur et aménité. Ces qualités, loin d'exclure une fermeté parfois nécessaire, en atténuent la rudesse et la font plus facilement accepter. En effet, le respect que vous leur devez ne saurait vous faire oublier que vous êtes maîtresse dans votre maison, et qu'à vous seule en appartient la direction. Il y a là une nuance qu'il vous faudra observer sans cesse : condescendre toujours, mais n'abdiquer jamais. Soyez certaine que sous le bénéfice de cette réserve votre mari vous saura gré des égards que vous aurez pour les siens, ce qui est tout naturel et plaide en sa faveur. Ne seriez-vous pas vous-même froissée dans votre amour filial s'il témoignait à vos parents de la froideur, s'il les recevait sans empressement ? Ne perdez pas de vue que sa famille, ses amis même, ayant sur lui une influence plus ancienne que la vôtre, il importe au plus haut point, quoi qu'il advienne, d'éviter de vous en faire des ennemis.

Gardez-vous aussi de cette manie particulière aux femmes de n'être jamais satisfaites, de trouver à redire à tout. Rien n'est aussi déplaisant que d'entendre faire à tout propos des observations, surtout si elles sont présentées d'un ton aigre et acrimonieux ; le portrait de Mme Bougon n'a rien du reste de bien séduisant. Il arrivera ceci : ou votre mari s'y habituera et n'y prêtera plus la moindre attention, ou il en sera énervé, vous répondra mal et vous imposera silence. Plus vous saurez supporter patiemment des désagréments de peu d'importance, plus vos observations auront de poids et d'autorité dans les circonstances graves. C'est un de nos torts et une de nos faiblesses de ne voir les choses que par le petit côté, d'en négliger souvent la partie sérieuse et d'attacher trop d'importance à des vétilles. Nous avons souvent remarqué que telle femme qui fait à son mari une scène pour une assiette cassée, est précisément celle-là qui laissera dilapider sa dot sans rien dire et qui sera incapable de la défense la plus élémentaire de ses intérêts.

Une dame de nos amies, femme de beaucoup d'esprit, est mariée depuis peu à un homme qui n'a pas eu à se féliciter de son premier mariage. D'une nature acerbe et acariâtre, sa femme lui faisait à tout propos des observations désagréables, de sorte que le calme et la bonne harmonie étaient souvent bannis de leur intérieur. Ayant accepté une invitation à dîner chez eux dans les premiers temps de leur union, j'étais au salon avec la maîtresse de la maison, lorsque de la salle à manger partit un grand bruit. « C'est moi, ma chère amie, dit le mari à sa femme accourue en toute hâte, c'est moi qui viens de commettre cette maladresse. La bonne avait mis sur la table un siphon presqu'entièrement vide et dont elle avait négligé de nettoyer la monture ; j'ai voulu l'en retirer et l'ai laissé choir.. » En disant cela, il observait malicieusement la physionomie de sa nouvelle épouse, et il ajouta : « Tu vas sans doute me gronder bien fort. » (Il avait quelque raison de craindre cela, avant eu pendant son premier mariage une forte scène pour un sujet analogue.)— « C'est un petit malheur, répondit notre amie, et j'aurais grand tort de gronder un homme qui, en une seconde, gagne quinze centimes.—Comment cela, dit-il, tout étonné ?—Sans doute, reprit-elle, tu pouvais aussi bien le casser étant plein, et puisqu'il est vide, c'est autant d'épargné. » Le mari se montra fort satisfait de la réponse, et nous avons constaté depuis combien il est heureux de la différence de caractère qu'il rencontre entre elle et sa précédente épouse, femme très-recommandable pourtant et d'un grand mérite sous d'autres rapports.

Nous reviendrons sur la nécessité de surveiller notre humeur, de pondérer notre caractère, mais en ce qui concerne le mariage nous vous dirons que les plus éminentes qualités ne serviront de rien si elles ne sont rehaussées par l'amabilité qui en fait la grâce et le charme. Par exemple, une femme qui ferait régner dans son ménage l'ordre et l'économie, perdrait le bénéfice de ses peines si elle ne savait pas rendre le séjour auprès d'elle plaisant et agréable. Savoir retenir votre mari auprès de vous par la seule force de l'estime et de l'affection que vous lui inspirerez est encore une des formes du dévouement, car il n'a aucune chance de se trouver nulle part plus heureux, et s'il était obligé de chercher ailleurs la tendresse et les encouragements dont il a besoin, c'est vous seule qui seriez coupable. Soyez pour lui la compagne aimante et douce, la femme forte et digne qui soutient l'homme dans l'infortune et dont la fermeté du caractère, la droiture de la conscience, lui donnent force et courage dans les circonstances les plus difficiles de la vie.

Certaines jeunes femmes, partant de ce principe que l'homme doit subvenir aux besoins de la famille, pensent, une fois mariées, pouvoir se dispenser de travailler. Elles abandonnent alors la profession dont leurs parents les avaient pourvues, souvent au prix des plus durs sacrifices, sans songer que c'est précisément pendant les premiers temps de leur mariage, alors qu'elles n'ont pas d'enfant, qu'il leur serait le plus facile de s'occuper utilement. Elles ne réfléchissent pas non plus au surcroît d'aisance que leur gain, si modeste fût-il, apporterait dans leur ménage, ni aux longues heures d'ennui qu'elles auront à supporter pendant l'absence de leur mari, leur maison trop peu considérable ne pouvant les occuper constamment, ni aux funestes habitudes qui en seront la conséquence. Souvent même, surtout en pareil cas, une autre erreur vient s'ajouter à celle-ci : c'est qu'étant mariées, elles n'ont plus besoin de plaire. Ce propos, que nous citons textuellement, combien de fois ne l'avons-nous pas entendu dans la bouche de femmes dont la tenue plus que négligée trahissait le désœuvrement et l'insouciance. Mais, nous direz-vous, ces pauvres créatures étaient peut-être malheureuses dans leur intérieur, et puis une conduite aussi blâmable n'est pas celle de toutes les femmes ; la plupart comprennent mieux leurs devoirs et leurs intérêts. Sans doute, nous le savons, ce n'est là qu'une exception, mais une exception encore trop nombreuse, que l'on rencontre à chaque pas, et en présence de laquelle une femme vraiment digne de ce nom se sent prise d'un insurmontable sentiment de honte pour son sexe. Sous aucun prétexte, sachez-le bien, la femme ne doit renoncer à la possibilité de gagner quelque argent ; tout au plus serait-elle excusable si elle avait apporté une dot dont le revenu pourrait compenser l'absence de son salaire. Quant à celle qui arguerait qu'elle n'a plus à trouver un époux pour se relâcher des habitudes de soin et de propreté qu'elle avait ou feignait d'avoir avant son mariage, sa conduite serait tout simplement ignoble, son mari le lui ferait bien voir.

La Fontaine raconte que de deux chevaux attelés à un même chariot, l'un ne voulut pas prendre sa part de labeur, de sorte que l'autre, traînant à lui seul toute la charge, fut bientôt exténué et hors d'état de travailler.

Le conducteur remit alors à sa place dans les limons le premier cheval ; mais celui-ci, que son compagnon trop fatigué ne pouvait plus aider, succomba à son tour à la peine. Cette comparaison peut fort bien s'appliquer à un ménage dans lequel le mari travaillerait consciencieusement, rapporterait à sa femme son salaire, tandis que celle-ci, au lieu de chercher à contribuer, dans la mesure de ses forces, au bien-être commun, gaspillerait son temps en futilités et en commérages. Or, le temps c'est de l'argent. Habituons-nous donc, dès notre jeunesse, à nous occuper sérieusement, à ne jamais perdre une minute ; aimons le travail pour tous les bienfaits dont il nous comble, pour tous les maux qu'il écarte de nous. Le travail est le plus grand médecin du monde, il guérit de la misère, cet ennui matériel, et de l'ennui, cette misère morale. Si nous sommes pauvres, travaillons pour améliorer notre situation : depuis que le monde existe, on n'a pas encore trouvé de moyen plus sûr. Si nous sommes riches, faisons du travail la première de nos distractions, il est de toutes la plus saine. Quelle qu'en soit la nature ou l'objet, il nous procure des satisfactions infinies, et c'est toujours à lui que nous reviendrons, car, en même temps que la santé, il nous conserve la bonne humeur.

> *Travaillez, mes toutes belles,*
> *Employez bien votre temps ;*
> *Vos maris seront fidèles*
> *Et vos cœurs toujours contents.*

La femme qui n'a pas en elle l'amour du travail est véritablement bien à plaindre. Outre l'intime satisfaction que donne le sentiment du devoir accompli, dont son cœur est sevré, elle se voit privée de tous les avantages matériels que le travail procure. Et considérez combien est juste cette maxime que la paresse, il faut bien l'appeler par son nom, est la mère de tous les vices, l'on peut ajouter de tous les maux. Quand une femme travaille elle-même pour gagner quelque argent, elle en connaît mieux le prix, le dépense moins facilement, de là l'économie. Quand une femme est économe et travailleuse, elle prend soin de son mobilier, de son linge, de ses vêtements, fait chaque chose au moment convenable, de là l'ordre et la propreté. Tandis que celle-ci jouit d'un bien-être en apparence supérieur à sa position sociale, parce qu'elle sait, comme disaient nos grand'mères, faire de trois francs cent sous, telle autre que la paresse afflige sera vouée pour toute sa vie à la misère et à l'abjection. Pendant que l'une, satisfaite d'elle-même, fière de son existence bien remplie, est calme et tranquille, l'autre, malheureuse par sa faute, mécontente de tout, sent gronder en elle les plus mauvais sentiments.

Voyez ces deux jeunes femmes que la fortune n'a pas favorisées. Mariées chacune depuis deux ans, elles habitent dans la même maison un petit appartement d'un prix modique, car leurs maris, cavistes tous deux, n'ont que des gains très-restreints ; mais quelle différence vous observez dès le seuil de leur modeste demeure ! Tandis que les deux pièces dont elle se compose sont chez l'une tenues avec la plus exquise propreté, que tout chez elle est clair et luisant, chez l'autre tout est en désordre, et les quelques meubles qu'elle possède accusent la négligence avec laquelle on les entretient. Tout chez elle crie le dénûment et la misère, pendant que sa voisine, avec cet art propre à la femme qui aime son inférieur, sait donner à sa maison une apparence de confort et de gaieté. Travaillant sans relâche pour les magasins de confections et gagnant en moyenne un franc vingt-cinq centimes par jour, elle a pu acheter le mobilier modeste mais convenable, et aussi le linge nécessaire au ménage que ses parents, trop pauvres, n'avaient pu lui donner. Le mari se plaît dans sa maison que lui aussi s'ingénie à embellir ; ne craignez pas que la journée terminée il s'attarde dans quelque mauvais endroit. Il s'empresse de rentrer chez lui : n'a-t-il pas toujours quelques clous à planter, et à soigner les rieurs, presque toutes rapportées des bois, qui donnent un si coquet aspect à sa demeure ? Il a hâte surtout de retrouver sa compagne, toujours gaie, fraîche et pimpante dans la petite robe à dix sous le mètre, confectionnée de ses mains. Il aime et estime cette jeune femme auprès de laquelle, revenu de son travail, il trouve le calme et la tendresse ; il lui est reconnaissant du bonheur qu'elle lui donne, il en est fier ; et lorsque le dimanche elle part à son bras pour une promenade bien méritée, il ne changerait pas sa place contre celle d'un empereur. C'est son plus grand plaisir d'aller ainsi, en compagnie de sa femme, à une petite campagne voisine, respirer l'air pur des champs ou des bois, ou bien de s'installer sous les beaux marronniers des promenades pour entendre la sérénade. Au milieu de tout ce monde élégant, auprès duquel il s'aperçoit qu'il ne fait pas tache, il songe à la différence de sa vie tranquille avec celle de beaucoup de ses camarades moins favorisés. Il se dit qu'avant son mariage lui aussi allait au cabaret, et il se demande maintenant comment il pouvait s'enfermer dans cet affreux trou puant et noir, pendant qu'il y a ailleurs de l'air, du soleil, des oiseaux et des fleurs. Il est ainsi toujours satisfait, parce qu'il n'a rien à reprocher ni à lui-même, ni aux autres. Il est sans souci du lendemain, car l'existence régulière qui est la sienne lui conserve la santé, et il sait qu'il y a toujours en réserve chez lui de quoi parer à toute éventualité.

Le voisin, lui, n'est pas d'aussi bonne humeur. Aussitôt rentré de son ouvrage, on l'entend crier, et ce ne sont pas de tendres paroles qu'il adresse à sa compagne. C'est le repas, peu confortable, qui n'est jamais prêt à l'heure, ou quelque vêtement dont il a besoin qui n'est ni raccommodé ni blanchi. Sa femme inactive et dépensière gaspille l'argent qu'il gagne avec tant de peine et crée partout des dettes. Parfois un commerçant, perdant patience, s'adresse à lui pour être payé, et ce sont alors dans le ménage des scènes sans fin, des querelles à scandaliser le voisinage. N'ayant rien qui le retienne chez lui, ne ressentant plus pour sa femme ni affection ni respect, il s'adonne à la boisson. À quoi bon me gêner, dit-il, je n'en aurai jamais davantage. Sur ce il part au cabaret et revient ivre, aussi l'existence de la malheureuse est-elle la plus triste que l'on puisse imaginer. Si du moins elle pouvait profiter de l'exemple que lui donne cette autre jeune femme, si courageuse et si digne, mais au contraire elle la jalouse, la hait, et pourtant elle n'est pas née méchante. En la voyant heureuse et estimée de tous, il lui semble qu'elle lui fait du tort, elle ne veut pas convenir qu'il eût pu en être de même pour elle, et qu'en négligeant ses devoirs elle a causé sa perte. De là ce sentiment d'envie, de basse jalousie, qui fait de si cruelles blessures au cœur des femmes.

Voyez là, le dimanche, après que son mari, las et découragé, est parti en lui adressant de durs reproches. Les cheveux en désordre, la figure décomposée, versant des larmes de rage, elle s'installe à sa fenêtre, soulève son rideau et épie le moment auquel va partir celle qu'elle considère comme son ennemie. Elle veut voir « sa toilette ». Elle sort enfin au bras de son mari, charmante et distinguée dans le frais costume de coton à bon marché qu'elle porte l'été depuis son mariage, et qu'elle-même a confectionné. Rien dans sa mise n'est ni extravagant ni coûteux, mais tout est agencé avec goût et disposé avec art. Elle ne se doute guère que là, tout près d'elle, quelqu'un l'observe d'un œil malveillant, car elle ne s'occupe pas des voisins et n'a jamais fait de mal à personne. Puis, pendant qu'elle s'éloigne, l'autre s'en va auprès des voisines. « —L'avez-vous vue ?... Est-elle d'une coquetterie ?... Elle n'a pas toujours été comme cela... » etc., etc. Et les commentaires d'aller leur train, et les commérages stupides, les inventions odieuses de continuer jusqu'au moment où il faudra rentrer pour attendre le mari qui va revenir ivre et abruti. Ainsi, non-seulement cette femme souffre de tous les maux qu'entraîne l'oisiveté, mais sous leur influence son caractère s'aigrit, son cœur devient mauvais. L'envie, la jalousie, la médisance, le mensonge font cortège à l'ennui et au découragement ; elle devient capable des plus méchantes actions, et l'on frémit en pensant au gouffre de vices et d'avilissement vers lequel la malheureuse s'achemine lentement, à moins que quelque circonstance fortuite, un enfant peut-être, ne vienne l'en détourner.

Ce tableau est bien noir, nous direz-vous. Il est triste, nous en convenons, mais il est vrai, l'expérience de la vie vous le démontrera. Sans le travail qui acquiert, sans l'économie qui conserve, l'ouvrier est fatalement voué à la misère et forcé de renoncer à tout espoir d'améliorer sa situation matérielle et morale. C'est en cela que l'influence de la femme se fait le plus directement sentir, influence bienfaisante si elle est douée de cette qualité indispensable au ménage, l'économie, et désorganisatrice si, par malheur, elle en est privée. Mme Doyen l'a dit avec beaucoup de raison : « une femme pauvre et économe entrant dans une maison l'enrichit, tandis qu'une femme riche et prodigue l'appauvrit. » En effet, il n'est pas de fortune, si considérable soit-elle, qui puisse résister au gaspillage. Que de fois, parmi les besoigneux, n'avez-vous pas rencontré de gens, autrefois dans une situation prospère, pendant que d'autres, partis des derniers rangs, sont, fourmis économes et laborieuses, parvenus à une honorable aisance.

L'économie est une des qualités indispensables à la femme dans toutes les situations de fortune. Elle est relative, bien entendu, et consiste à régler strictement nos dépenses d'après les ressources dont nous disposons. La femme vraiment econome est celle qui, sur ses revenus ou sur son salaire, sait prélever une part pour parer aux éventualités qui peuvent se produire. Ne faut-il pas compter, si l'on est commerçant, avec les pertes possibles ; si l'on est capitaliste, avec les diminutions de revenu ; si l'on est ouvrier, avec le chômage ; et, en tout état de cause, avec la maladie, le surcroît de charges et tous les évènements fâcheux impossibles à conjurer ? Et où trouvera-t-on les ressources nécessaires pour y faire face, si on a négligé d'épargner pendant des temps meilleurs ?

La femme la plus économe n'est pas précisément celle qui dépense le moins, c'est celle qui, en raison des ressources dont elle dispose, sait procurer aux siens le plus de bien-être et de confort. Par exemple, il se pourra que de deux femmes dépensant chacune trois francs par jour, l'une soit très économe et l'autre très désordonnée. Si l'une, dont le mari gagne quatre francs par jour, n'en dépense que trois, elle fera preuve d'une sage prévoyance pour l'avenir, tandis que si l'autre dont le mari ne gagne que trois francs les dépense entièrement, elle risquera de se trouver dans une bien pénible situation.

L'économie nous oblige à avoir de l'ordre ; ces deux qualités sont inhérentes l'une à l'autre. Ainsi, une femme économe, si elle est commerçante, tiendra exactement ses comptes, de manière à ne rien omettre et à être toujours renseignée sur l'état de ses affaires. Si elle emploie des ouvriers ou des domestiques, elle veillera à ce qu'ils occupent consciencieusement le temps qu'elle leur paie. Elle ne laissera pas celui-ci négliger son service ou tenir l'outillage en mauvais état, et suppléera son mari si, trop occupé, il ne peut avoir l'œil à tout. Elle ne permettra pas à celle-là de lui manger ses conserves ou de prodiguer l'éclairage et le chauffage. En aucun cas, elle ne lui confiera la bourse de la maison, et fera autant que possible ses provisions elle-même, de manière à les acheter à des conditions plus avantageuses ; c'est là de l'ordre. Si elle a la chance de pouvoir se passer d'auxiliaires, elle sera ainsi débarrassée d'une surveillance souvent gênante et ennuyeuse, ainsi que d'une onéreuse dépense. Une femme sérieuse préférera toujours tenir elle-même sa maison, à moins d'impossibilité absolue, plutôt que d'en confier le soin à des étrangers.

N'imitez pas ces petites femmes vaniteuses et sottes qui mettent tout leur amour-propre à avoir une bonne, dépensant ainsi ce qu'elles pourraient épargner des gains de leur mari, petit employé généralement, ne gagnant pas toujours de quoi mettre du beurre sur le pain de la pauvre fille, peu surchargée de besogne à la vérité. Laissez-nous vous mettre en garde contre cette folle vanité qui pousse tant de jeunes femmes à vouloir vivre d'une façon si peu conforme en tout à leur position sociale. Combien agissent ainsi par gloriole plutôt que par amour du confortable, se rendant, par leur ostentation, ridicules aux yeux des gens sensés qui se demandent combien de temps cela pourra durer. Une des maladies de notre siècle, c'est que tout le monde veuille vivre comme si l'on était riche, déplorable système dont le moindre défaut est d'empêcher qu'on le devienne. Un peu de bon sens et de réflexion suffirait pourtant pour dissiper cette erreur et nous faire comprendre cette vérité qu'il ne faut pas manger son blé en herbe ni confondre le point de départ avec l'arrivée. Il est certain que si nous voulons vivre d'une manière supérieure à notre situation pécuniaire, nous ne pouvons rationnellement y arriver qu'en améliorant cette situation elle-même. Il est donc indispensable de savoir borner nos goûts à notre position présente, c'est un des moyens de l'améliorer dans l'avenir et de jouir d'une vraie tranquillité, de ce bonheur du sage qui se contente de peu.

Nous reviendrons plus loin sur la nécessité pour la femme de pratiquer les vertus qui assurent la paix du foyer domestique, mais en ce qui concerne l'économie, prenez pour règle de conduite que le travailleur n'est assuré du nécessaire qu'autant qu'il sait se refuser le superflu.

Ces considérations sur lesquelles nous insistons, vous seront utiles dans l'avenir, pour soutenir le grand combat de la vie. Elles vous serviront d'arguments pour ramener à des idées plus saines ce grand gamin qui est votre mari, dont le cœur n'est pas mauvais, mais dont la tête, peut-être un peu folle, s'est laissé égarer par les élucubrations d'écrivains sans scrupules ou les extravagances d'orateurs qui mériteraient qu'on leur jetât des pommes cuites et des bottes de foin. Ils sont bien coupables ces gens qui, dans un but d'intérêt personnel, exploitent la crédulité et l'ignorance de l'ouvrier, et jettent le trouble dans sa conscience. Peu leur importent les résultats de leurs inepties, pourvu qu'ils en profitent ; ils savent fort bien, du reste, que ce n'est pas eux qui en subiront les conséquences. C'est à vous, jeunes femmes, qu'il appartient de combattre les funestes doctrines qui, si vous n'y preniez garde, iraient jusqu'à compromettre l'existence même de votre foyer, car ces gens, ennemis de la propriété, sont en même temps les détracteurs de la famille. Si, par malheur, votre mari pouvait devenir leur dupe, si au lieu des gais propos qu'il apportait autrefois à la table de la famille, il faisait entendre de folles revendications, il faudrait user de votre influence pour éclairer sa conscience et sa raison, et le détourner de la voie périlleuse au bout de laquelle il ne trouverait que mécomptes et déceptions.

Il vous sera facile de réfuter les idées fausses qu'il aura contractées par la lecture de journaux qui s'intitulent socialistes, sans que cette dénomination soit bien comprise de la plupart de ceux qui l'emploient, ou au sein de certaines assemblées de « travailleurs » ainsi que se nomment souvent les ouvriers qui ne travaillent pas. Il est de toute évidence que nous ne pouvons être tous égaux dans le sens absolu de ce mot, l'échelle sociale serait ainsi la seule qui n'aurait qu'un échelon. Cela ne signifie pas que l'ouvrier doive renoncer à améliorer sa position, mais que de moyens s'offrent à lui plus honnêtes et plus sûrs que celui qui consisterait à dépouiller de leur propriété ceux qui légitimement la possèdent. Il est un fait prouvé, c'est que la fortune change de mains au bout de cinq générations. À quoi cela tient-il, si ce n'est que l'enfant du riche, habitué au luxe et à l'oisiveté, diminue ainsi son patrimoine et transmet de père en fils une situation amoindrie, tandis que l'ouvrier, désireux de sortir de son infériorité, conquiert une position meilleure par la seule force de sa volonté, de son travail opiniâtre, de son économie. Et lors même que, par impossible, le partage des biens parviendrait à s'effectuer entre tous les citoyens, ainsi que certains le demandent, savez-vous quelle serait la part de chacun ? Les économistes ont calculé qu'elle s'élèverait à la somme de deux francs soixante centimes, de sorte qu'au lieu de trouver des capitalistes et des patrons pour faire vivre l'ouvrier, nous serions tous égaux... dans la misère ; c'est là probablement ce qu'on entend par la suppression du prolétariat. Si même, contestant cette évaluation, l'on admet que le partage puisse produire des résultats plus appréciables, il arriverait ceci : c'est qu'au bout de quinze ans, de vingt ans peut-être, le grand génie qui se nomme Travail aurait encore changé la face de la nouvelle société. De la part reçue les uns n'auraient plus rien et seraient redevenus misérables, pendant que les autres se seraient enrichis, de sorte que l'effroyable tuerie serait toujours à recommencer. Ils se gardent bien, ceux qui prêchent le désordre et la guerre civile, de faire valoir ces arguments ; c'est à vous, jeunes femmes, qu'il appartient de les produire. Dites à votre mari, à votre frère, que c'est par la paix et la concorde qu'ils pourront arriver à la réalisation de leurs vœux, et qu'il faut que les ouvriers s'unissent, non pour détruire, mais pour édifier.

Un des meilleurs moyens, pour l'ouvrier, d'améliorer sa situation présente et d'assurer l'avenir, c'est sa participation aux sociétés mutuelles. Fondées pour la plupart par d'anciens ouvriers, hommes intelligents comprenant la nécessité de l'union et de la solidarité, elles offrent à leurs adhérents des facilités de toute nature, des combinaisons diverses qui leur permettent de se mettre à l'abri de la maladie, du chômage, de la cherté de la vie, et d'assurer en même temps le pain de leur vieillesse. Le but de ces bienfaisantes associations n'est pas seulement pratique et humanitaire, il est aussi moral. Ceux qui en font partie apprennent à se connaître et à s'estimer, en même temps qu'à s'entr'aider et à se soutenir. Ils forment, dans la grande famille française, une famille d'élite, honorable entre toutes, dont les membres s'écartent si rarement de la voie du devoir, qu'un de nos mutualistes les plus distingués, M. H. Maze, député de Seine-et-Oise, disait que parmi eux il n'en avait presque pas rencontré ayant un casier judiciaire. Cela s'explique par le fait que chacun tient à conserver l'estime de tous, et aussi par la force et la tranquillité que donne l'assurance du lendemain.

Nous ne saurions trop insister auprès de vous pour vous engager à faire partie de quelque société mutuelle, dans votre intérêt et celui des vôtres. C'est si peu de chose que d'épargner un ou deux sous par jour, et on en dépense tant d'autres pour des choses inutiles, parfois nuisibles. Si modeste que soit votre salaire, un prélèvement aussi insignifiant ne peut vous gêner beaucoup, il vous sera au contraire favorable en vous accoutumant à l'économie. Des personnes généreuses autant qu'éclairées ont pris, depuis quelques années, la louable habitude de distribuer aux élèves les plus méritants de nos écoles des livrets de caisse d'épargne ou de quelque société mutuelle. Vous êtes peut-être parmi ces heureux lauréats, mais si vous n'avez pas eu ce plaisir, la somme à verser est tellement minime que vous mettrez votre amour-propre à ne pas vouloir rester en arrière. De grâce, ne laissez pas passer le collecteur sans lui donner l'obole qu'il réclame, faites-vous à vous-même l'aumône que vous retrouverez plus tard. Nous voudrions vous donner sur les sociétés mutuelles de notre ville, tous les renseignements nécessaires concernant leur but spécial et leur fonctionnement, mais cela nous entraînerait trop loin et sortirait quelque peu des limites que nous nous sommes assignées.—Toutefois, plusieurs de ces sociétés s'occupant de l'alimentation à bon marché, nous vous engageons vivement à leur donner la préférence sur les commerçants ordinaires. On ne s'expliquerait pas, en effet, que l'on allât chez l'épicier ou le charcutier payer une marchandise un certain prix tandis que d'autres établissements l'offrent à qualité égale ou meilleure à des conditions plus avantageuses. L'on ne comprendrait pas davantage que vous attachiez quelque importance à ce fait que ces commerçants peuvent vous offrir quelque crédit, car il faut toujours le solder (nous ne pouvons supposer que vous ayez l'intention d'agir autrement), et alors vous en aurez chèrement payé l'intérêt. Il faut bien, du reste, qu'il en soit ainsi pour compenser les pertes occasionnées par les malhonnêtes gens qui ne paient pas.—Dans tous les cas, les sociétés mutuelles ont une influence essentiellement moralisatrice, puisqu'elles assurent le bien-être et exigent en échange la probité.

* * *

Une des raisons d'être de notre existence et qui en consacre l'utilité, c'est d'être mère. De même que sur l'arbre on cherche le fruit, auprès de la femme on cherche les enfants, sans lesquels il semble qu'il lui manque quelque chose. Quoi de plus noble et de plus doux que de voir s'entr'ouvrir ces jeunes intelligences et de les diriger vers le bien ? Si nous ne reconnaissions la nécessité de faire en toutes choses notre devoir pour les différentes raisons que nous venons d'énumérer, il faudrait encore y rester fidèle pour les chers petits êtres auxquels nous devons, avec la subsistance, l'exemple d'une vie irréprochable et digne. Nous n'avons jamais rencontré une mère n'aimant pas ses enfants, mais nous en connaissons un grand nombre qui croient avoir rempli leurs obligations maternelles quand elles les ont comblés de caresses et satisfait à tous leurs caprices.

Votre premier devoir envers vos enfants en bas âge est de leur donner tous les soins propres à leur assurer une bonne santé pour le présent et pour l'avenir. Si vos occupations ni aucune autre circonstance ne s'y opposent, et sauf avis contraire du médecin, nourrissez-les de votre lait, votre santé s'en trouvera bien et outre une sérieuse économie, vous en retirerez des satisfactions de toute nature. Votre enfant sera ainsi plus avenant et à l'abri de la plupart des causes de mortalité qui font tant de petites victimes, surtout pendant la période estivale. Quelle que soit la manière dont vous les nourrissiez, n'oubliez pas que la propreté, les soins hygiéniques et le grand air leur sont indispensables.

La première année est toujours la plus difficile ; mais que de douces joies lorsque le petit être commence à comprendre, à vouloir vivre ! Ses petites jambes s'agitent, il veut marcher ; sa bouche bégaie les mots qu'il entend le plus souvent, et c'est vous la première qu'il appelle. Sans être partisan de la théorie de Darwin qui nous fait descendre du singe, il est vraiment intéressant d'observer la faculté d'imitation innée chez l'homme dès son berceau. Voyez votre petit enfant encore incapable de marcher, s'il peut s'échapper de vos bras, ce sera pour se traîner jusqu'à l'endroit où vous déposez votre balai, votre essuie, votre brosse ou tout autre objet dont vous vous servez fréquemment, et pour essayer d'en faire l'usage qu'il vous en voit faire à vous-même. Cette disposition naturelle s'accentuera au fur et à mesure qu'il avancera en âge, c'est pourquoi il importe de ne lui donner que de bons exemples. Ne faites rien, ne dites rien devant lui que vous ne voudriez lui voir faire ou lui entendre répéter. Étudiez avec soin les premières manifestations de sa volonté naissante, de ce qui sera son caractère propre ; appliquez-vous à le diriger, à en corriger les défauts. Gardez-vous de cet excès de sensiblerie qui porte tant de mères à fausser l'éducation de leurs enfants dans la crainte de leur causer un léger désagrément, facile à supporter à cet âge. De même qu'il est plus aisé d'arracher un bourgeon qu'un vieil arbre, vous extirperez plus facilement un défaut dès son apparition, que si vous le laissez s'enraciner. Ce qui, dès le début, n'est qu'un petit défaut, finit généralement par devenir un grand vice ; or, les vices sont comme les gens de mauvaise compagnie, il ne faut leur laisser prendre pied nulle part, dès qu'ils paraissent, chassez-les au plus tôt. Votre enfant vous saura gré dans l'avenir des efforts que vous aurez faits pour le bien élever, pour former son caractère et son cœur et lui inspirer de bons sentiments. Les enseignements d'une mère ne sont jamais perdus. L'enfant étourdi plutôt que mauvais peut parfois n'en pas tenir compte, mais plus tard, devenu homme, il se souviendra avec attendrissement des soins dont vous entouriez son enfance, des sages conseils que vous prodiguiez à sa jeunesse et qui seront dans la vie son guide le plus sûr.

Cette mission, la plus noble que nous puissions être appelées à remplir, demande de notre part les plus sérieuses réflexions, nous ne saurions y apporter trop de zèle et de sagesse.—Une grande dame romaine se trouvant au milieu de femmes futiles occupées à se faire voir leurs bijoux, fut sollicitée de montrer aussi les siens. Elle se fit amener ses trois enfants qu'elle avait élevés avec le plus grand soin pour l'honneur de la patrie et leur dit : Voici mes bijoux, ma plus belle parure. Imitons l'exemple de cette noble femme, apprenons à nos enfants à aimer notre France humiliée et amoindrie, et à vouloir contribuer à son relèvement, afin que, quand sonnera l'heure de la justice, elle trouve des défenseurs prêts à la venger. Parlons-leur souvent de son histoire, de sa gloire passée, de ses malheurs, et inspirons à ces jeunes cœurs un patriotisme ardent et éclairé jusqu'au jour où tous les peuples seront frères par la liberté.

Des qualités qu'il faut acquérir

Pour remplir convenablement les devoirs que la famille nous impose, ainsi que nos autres obligations sociales, il est indispensable que nous possédions les qualités morales qui font le charme de la jeune fille, de la femme, et l'agrément du foyer domestique. Et parmi ces qualités nous citerons plus particulièrement l'amabilité, la bienveillance et l'égalité d'humeur. Nous ne reviendrons pas sur la question de l'affection et du dévouement que nous devons à ceux qui nous entourent, mais nous dirons que ces sentiments eux-mêmes paraîtraient imparfaits s'ils étaient pratiqués avec des manières brusques et un air grincheux. Mais, nous direz-vous, ce sont là des qualités natives que l'on ne saurait acquérir. C'est une erreur ; une femme d'esprit l'a dit avec beaucoup de raison : l'on apprend tout, même à être bon.[2] Non pas que d'un tempérament froid et dissimulé l'on puisse faire une nature franche et généreuse, nous ne le pensons pas ; mais que de fois nos défauts sont-ils plus apparents que réels et ne paraissons-nous mauvaises que parce que nous sommes irréfléchies. De même que par le travail nous pouvons nous procurer le bien-être matériel, nous pouvons également, par la réflexion, qui est un travail intellectuel, acquérir les qualités qui, au premier abord, paraissent nous manquer complètement.

---

[2] Marie Vallière (*Les Heures Grises*).

Habituons-nous donc à pondérer notre caractère, à surveiller notre humeur ; ne faisons rien par emportement ni par caprice. N'agissons pas et ne disons rien avant d'avoir mûrement pesé les conséquences de nos actes et de nos paroles. Croyez-vous que telle jeune femme se laisserait si facilement aller à la médisance, si elle réfléchissait à l'inconséquence de sa conduite ? Nos pères, dans leur langage imagé, disaient qu'il faut se mordre la langue sept fois avant de parler, pour indiquer que nous ne saurions trop réfléchir avant d'incriminer les actions de notre prochain ; aussi l'obligation de veiller sur notre langue est-elle la première que nous devons nous imposer. Toutes les fois que nous entendons une femme faire sur quelqu'un des observations défavorables, nous sommes invariablement portée à supposer qu'elle a beaucoup de choses à se reprocher, et qu'elle imite ainsi ce charbonnier qui, pour se nettoyer, se frotte contre le mur ; il ne réussit pas à se blanchir, mais seulement à salir le mur. De même la personne qui n'a pour les autres que blâme et condamnation se fera sévèrement juger ; elle ne rencontrera aucune sympathie, même dans les circonstances les plus pénibles. Que de fois n'avez-vous pas entendu dire : C'est vrai, c'est un grand malheur qui lui arrive, mais, après tout, c'est bien fait pour elle, elle était trop médisante ! elle avait une langue de vipère !

Soyons donc, en toutes circonstances, bienveillantes et bonnes ; si quelqu'un devant nous cause inconsidérément, laissons parler et cherchons, s'il se peut, des excuses à ceux que l'on critique. Pratiquons envers les autres la tolérance et l'indulgence dont nous-même, peut-être, aurons besoin plus tard. Disons-nous que si telle personne agit mal, nous ignorons dans quelle situation elle s'est trouvée, quelles difficultés elle a rencontrées, et ce qu'à sa place nous eussions fait nous-même. Une femme d'esprit ne trouvera donc aucune raison pour médire, et toutes sortes de raisons pour l'éviter.

Si nous ne sommes pas douée d'un caractère égal et facile, ce sera un grand désagrément pour nous-même et pour notre entourage, mais il ne faut pas pour cela désespérer. En nous observant sans cesse, en nous y appliquant, nous arriverons facilement à nous corriger de ce défaut, ne serait-ce que par amour-propre, pour ne pas donner aux autres le spectacle d'une girouette tournant à tout vent, ne sachant ni ce qu'elle veut, ni ce qu'elle a. Rien ne saurait excuser un changement non motivé dans notre humeur, pas même l'état de notre santé. Notez qu'il est maintenant de très-mauvais ton « d'avoir ses nerfs », c'est ridicule et complètement démodé.

La bonne humeur nous sera d'un grand secours dans les circonstances difficiles de la vie, et nous donnera une grande force d'âme pour en supporter les épreuves. Jeunes filles qui voulez être jolies et qui vous désolez parfois de ne pouvoir vous procurer une vaine parure, il en est une que la nature vous offre, c'est le franc et gai sourire qui est, dit le poète, comme l'épanouissement d'une fleur. Prenez garde de vous laisser aller à faire la *moue*, votre physique n'y gagnerait rien. Nous connaissons des personnes tellement rageuses, toujours mécontentes des autres et d'elles-mêmes, que lorsqu'un sourire vient par hasard s'égarer sur leur physionomie, il fait l'effet d'une grimace. Est-il rien de plus déplaisant qu'une femme acariâtre, revêche, capricieuse, et quel vilain type que celui de pie-grièche !

L'on nous reproche souvent, et non sans raison, d'attacher trop d'importance à notre toilette, et de trop sacrifier pour la parure. Aussi sommes-nous intérieurement bien flattées quand, passant auprès de quelqu'un, nous entendons murmurer discrètement : Voyez cette jeune personne, est-elle charmante ? Ce mot résume l'une des aspirations les plus naturelles de la femme : être charmante, que ne ferions-nous pas pour cela, et quel plaisir de l'entendre dire. Mais êtes-vous bien certaine que ce compliment s'adresse seulement à votre toilette ? Ce serait vraiment trop de modestie de votre part. L'on vous trouve charmante pour votre tenue soignée et décente, pour votre air souriant, pour l'ensemble de votre personne dont se dégagent l'amabilité, la gaieté, plaisants attributs de la jeunesse. Essayez de vous montrer avec une figure maussade et en parlant durement aux personnes de votre société, vous verrez si vous obtiendrez le même succès. Ainsi donc, si nous n'étions aimable par nature, par devoir ou par raison, il faudrait l'être par cette coquetterie innée chez la femme, par cette assurance que l'amabilité donne plus de grâce et de charme à notre visage que la plus jolie toilette n'en saurait donner à notre corps. Cette qualité rehausse la moindre de nos actions et donne du prix au plus léger service. Elle est indispensable au même titre que la politesse, qui sans elle paraîtrait ou froide ou banale. Il faut la pratiquer à tout âge, dans toutes les positions de fortune, dans toutes les circonstances de la vie. Elle dispose en notre faveur, aide à aplanir bien des difficultés et sert à nous faire aimer, même si nous ne sommes pas jolies et si nous avons cessé d'être jeunes, car elle nous donne l'apparence de la bonté, et il n'y a que la bonté qui puisse faire aimer une vieille femme.

Si à ces qualités nous joignons quelques avantages intellectuels, notre société sera ainsi la plus plaisante et la plus agréable que l'on puisse souhaiter. Notre mari et les autres membres de notre famille n'auront plus pour nous délaisser cette excuse, que nous ne savons rien, que nous sommes incapable de raisonner des questions à l'ordre du jour, qu'en un mot nous ne sommes pas dans le mouvement, et que pour causer et se distraire il faut aller au café. Pour être une femme distinguée, il ne suffit pas d'avoir bonne tournure ; si nous ambitionnons ce titre, il faut nous appliquer, dans la mesure du possible, à augmenter nos connaissances, à élever notre niveau intellectuel, de sorte que si quelqu'un des nôtres cause devant nous des grandes questions économiques et sociales qui intéressent tout le monde, il n'ait pas l'air de parler grec. Nous en retirerons des avantages de toutes sortes, d'abord en nous trouvant plus facilement en conformité de vues avec notre mari, ensuite en devenant capable de comprendre et d'apprécier les évolutions et les progrès qui s'accomplissent autour de nous. Il n'est pas nécessaire pour cela d'être savante ; l'instruction la plus élémentaire, celle qu'a consacrée l'obtention de notre certificat d'études, y suffit largement, surtout si nous savons l'étendre par la réflexion et d'utiles lectures. Cela ne saurait nuire à l'accomplissement de nos devoirs familiaux ; car, de même que l'on peut être une femme charmante sans connaître la chimie et une bonne mère sans rien comprendre aux évolutions des astres, l'on peut être également bonne fille, bonne épouse, bonne mère en s'occupant des choses de l'esprit, et on le sera même d'autant plus que l'intelligence sera mieux cultivée. Car nous devons toujours garder le sentiment de notre dignité ; si la nature et plus encore la nécessité font de nous la servante de l'homme, nous ne saurions lui permettre de nous considérer absolument comme une machine à faire la soupe et à raccommoder les chaussettes.

Si donc nos occupations nous laissent quelques instants de loisir, c'est sans contredit à la lecture que nous les emploierons le plus utilement. Gardons-nous de cette littérature frivole, de ces romans plus ou moins stupides qui fausseraient notre esprit, troubleraient notre cœur sans aucun profit pour notre intelligence. Donnons la préférence aux ouvrages sérieux, œuvres d'auteurs de talent, il n'en manque pas, dont les observations, quelle qu'en soit la nature, serviront de complément à notre instruction, ou aux organes de la presse modérée, qui reflètent le mieux l'opinion du pays et qui nous tiendront au courant de ce qui se fait autour de nous. Tirons aussi de l'oubli où souvent nous les laissons nos livres d'éducation, ce serait une erreur de croire qu'ils ne peuvent être nécessaires qu'à notre première jeunesse ; nous serons tout étonnées, en les relisant, du profit que nous en pouvons tirer encore, et des sages conseils, des utiles remarques qui, autrefois, avaient échappé à notre inexpérience. Ayons sans cesse devant les yeux le but à atteindre, qui consiste à nous élever en capacités, en intelligence et en vertu pour être à la hauteur de la mission que nous sommes appelées à remplir. La femme moderne ne doit être ni frivole, ni vulgaire ; il lui faut savoir se tenir à égale distance de ces deux choses qui la rendraient indigne, et mettre son orgueil à se rendre utile à elle-même, à sa famille et à la société.

Rapports avec les voisins

L'on a écrit sur le savoir-vivre, la politesse, la façon de se conduire dans le monde et avec le monde, des ouvrages d'une incontestable utilité, pleins de bon sens et de raison. Ces ouvrages et les règles qui y sont exposées s'adressent généralement à la classe riche ou aisée de la société ; il n'en existe pas, à notre connaissance, qui puisse servir de guide dans la plupart des cas aux personnes de la classe ouvrière. Nous n'avons pas l'intention de faire double emploi avec ces écrits, cela nous entraînerait hors de notre sujet ; nous ne pouvons que vous engager à les lire ; vous y trouverez de précieuses indications. Mais il est une lacune que nous voudrions combler en vous disant quelques mots des usages que vous ferez bien d'observer dans vos rapports avec le voisinage.

Tout le monde ne peut avoir une habitation particulière ; vous serez probablement obligée, pour des motifs d'économie, de vous loger dans une maison habitée par plusieurs locataires, de là une promiscuité souvent désagréable et gênante ; il faudra vous armer de patience et vous apprêter à supporter philosophiquement les ennuis qui en résultent. Dans la plupart de ces maisons, où la place est mesurée avec parcimonie et où l'on ne peut se mouvoir sans incommoder quelqu'un, il faudra vous resserrer le plus possible et éviter en toute occasion de gêner les autres. Quel que soit le tapage qui déchire vos oreilles ou la malpropreté qui offusque vos yeux, il faudra vous résigner et ne jamais trouver à redire à quoi que ce soit, pour éviter des contrariétés sans cesse renaissantes. Si les désagréments dont vous souffrez étaient vraiment trop graves, il vaudrait mieux chercher un appartement ailleurs que de vous exposer à vous faire des ennemis de vos voisins ; ce qui serait pour vous un supplice intolérable. Il faut d'ailleurs savoir se supporter mutuellement et ne pas faire aux autres ce que nous ne voudrions pas qu'ils nous fissent à nous-mêmes. Certaine société mutuelle, qui s'occupe de l'amélioration du logement de l'ouvrier, vous procurera une habitation saine et à bon marché ; ce qui vous permettra d'éviter en partie ces inconvénients.

Le meilleur moyen pour rester en bons termes avec vos voisins est d'observer envers eux la plus grande réserve en même temps que la plus exquise politesse. Ne passez jamais auprès d'eux sans les saluer, adressez-leur à l'occasion quelque parole aimable, rendez-leur service toutes les fois que vous le pouvez, mais évitez avec soin les fréquentations et les commérages ; ils sont dangereux à tous les points de vue et amènent avec eux des montagnes de désagréments. Si quelqu'un d'entre eux paraît vouloir entrer dans cette voie, vous trouverez toujours quelque prétexte poli pour vous en débarrasser, vos occupations de ménagère économe et sérieuse ne vous permettent d'ailleurs pas de perdre votre temps. Si c'est une voisine qui vous gêne par sa présence, vous aurez quelque course à faire au moment opportun, et si c'est une conversation à laquelle on vous a conviée qui menace de se prolonger outre mesure, vous trouverez toujours une excuse plausible, un travail pressant à faire ou votre graisse qui risque de brûler, pour vous y soustraire. Il est toujours gênant d'avoir auprès de soi des étrangers qui commentent vos actions ; votre mari, qui aime à être libre chez lui, s'en montrerait peu satisfait, d'autant plus que ce ne sont pas toujours de sages conseils ni de bons exemples que vous pouvez en retirer.

Il va sans dire qu'une personne bien élevée ne se permettra jamais la moindre ingérance dans les affaires personnelles de ses voisins, ni la plus petite observation ayant trait à leur vie privée. Vous devez feindre d'ignorer ce qui se passe chez les autres, et si vous les blâmez intérieurement, n'en rien laisser paraître. Gardez-vous de vous laisser aller à l'envie et à la jalousie, c'est là généralement la cause de la malveillance avec laquelle les femmes se jugent entre elles. Si vous êtes affligée de ces mauvais sentiments, il faut les dissimuler avec soin et veiller particulièrement à ne jamais manquer de politesse envers la personne qui en est l'objet, car alors vous feriez preuve de sottise, de grossièreté et d'un manque absolu d'éducation. Nous avons été témoin dernièrement à ce sujet d'un petit fait qui nous donna une triste opinion du caractère de celle qui en fut l'auteur.

Nous allions rendre visite à une de nos amies, jeune femme élégante et distinguée, habitant avec sa famille un quartier des plus paisibles de notre ville, lorsqu'arrivée à une petite ruelle très proche de sa maison, nous aperçûmes assez loin devant nous sa mère revenant de la boulangerie. Nous vîmes également une jeune femme que nous avions déjà rencontrée à cet endroit et qu'à sa tenue nous avions prise pour la servante d'une ferme voisine. Elle regarda venir la mère de notre amie, et au moment où elle passait, au lieu de la saluer poliment ou tout au moins de ne rien laisser paraître, elle rentra en fermant violemment la porte, sans que cette vieille dame l'eût en rien provoquée. Et comme nous en faisions l'observation à notre amie ; celle-ci nous dit : C'est toujours ainsi ; croirais-tu, que cette femme, que nous ne connaissons pas, nous témoigne en toute occasion de la malveillance. Lorsque je passe devant sa porte elle sort de chez elle pour me regarder et elle reçoit impoliment les personnes qui par mégarde s'adressent à elle et demandent notre adresse ; que serait-ce donc si nous devions vivre ensemble dans la même maison ! Mais, répondîmes-nous, férue de notre idée que ce devait être quelque domestique, ses maîtres devraient la tancer sévèrement pour son inconvenance.—Ses maîtres ! mais c'est elle qui est la maîtresse, c'est même, à ce qu'il paraît, la fille d'un instituteur. Elle ne nous aime pas, je n'en connais pas la raison. Va, j'en suis bien désolée, j'en perds l'appétit et sûrement j'en mourrai, s'écria notre amie, enfant terrible, avec une mimique à faire éclater de rire un moellon. Nous ne pûmes nous empêcher de faire cette réflexion que cette personne avait fort peu profité des leçons de bienséance que bien certainement son père avait dû lui donner. Évitons donc de nous rendre ridicules par de pareilles sottises ; soyons aimables autant que possible et polies toujours, même envers les voisins que nous n'aimons pas, c'est là un des moyens de nous faire respecter.

ÉDUCATION PRATIQUE

CONSIDÉRATIONS MORALES SUR LES VERTUS PRATIQUES DE LA FEMME

Nous avons dit quelques mots des qualités morales indispensables à toutes les femmes dans toutes les classes de la société, permettez-nous maintenant d'aborder le chapitre non moins urgent des vertus pratiques nécessaires à toutes et indispensables aux jeunes filles, aux jeunes femmes dans une situation peu fortunée. Pardonnez-nous si ce sujet, que nous voudrions traiter pour votre profit, nous entraîne à certaines considérations tout intimes que vous serez tentées de qualifier de petits détails. Nous sommes persuadée qu'en ce qui concerne notre ménage il n'y a pas de détails inutiles, et qu'il en est en tout cas de très utiles à rappeler, puisque la plupart des personnes les oublient si facilement.

Si nous sommes spirituelles, aimables, d'égale humeur, nous serons certainement charmantes, mais cela ne saurait suffire. Ventre affamé n'a pas d'oreilles, dit-on. Notre père, notre mari, si sensibles à nos prévenances, à nos caresses, ne le seront pas moins à un bon dîner, à leur habitation bien tenue. Ils apprécieront même d'autant mieux les agréments de notre esprit et de notre caractère que nous saurons les faire jouir d'un plus grand bien-être, d'une aisance relative.

Le travail, l'ordre et l'économie sont les vertus indispensables à toute femme soucieuse de son bonheur et de celui des siens. Bien souvent, les gains du chef de la famille sont insuffisants pour subvenir a tous les besoins ; notre devoir est alors évident : il nous faut travailler pour gagner quelque argent et augmenter nos ressources. Nous vous ferons remarquer qu'il est préférable de travailler, même durement, que de s'exposer à subir des privations dont les conséquences seraient d'altérer notre santé et d'assombrir notre humeur, car on ne peut être ni bien portant, ni gai, quand on manque du nécessaire. Lors même que les ressources dont nous disposons pourraient suffire à notre existence, il faudrait travailler encore pour réaliser quelques économies, ne serait-ce que pour donner satisfaction au brave travailleur qui ne nous marchande ni ses sueurs, ni ses peines. L'homme qui gagne convenablement sa vie n'aime pas à penser qu'à la moindre adversité il peut tomber dans la misère. S'il peut dire : je gagne tant par jour et il n'en reste rien, ce n'est pas encourageant pour lui ; n'est-il pas à craindre qu'il se croie autorisé à détourner une partie de son salaire, à se relâcher de ses habitudes d'économie, en arguant, pour ne pas se gêner, que nous ne nous gênons pas nous-même ? Ce raisonnement serait peut-être excusable de sa part, si nous y donnions lieu par quelque négligence dans l'accomplissement de nos devoirs.

Nous devons donc travailler dans la mesure du possible, à moins que, surchargées de famille, le soin de nos enfants et de notre ménage ne nous en laisse pas le temps. Toutefois, nous estimons qu'une femme ayant moins de trois enfants, doit pouvoir gagner quelque argent. Il ne manque pas, dans notre grande ville, de métiers faciles à exercer, même si nous n'avons pas de profession, ou si celle-ci, trop minutieuse, ne peut se concilier avec nos obligations de mère de famille. Ne vous laissez pas décourager par la modicité de votre salaire, ne dites pas : à quoi bon se donner tant de peine pour gagner si peu ? Votre gain ne serait-il que de cinquante centimes par jour en moyenne, cela fait quinze francs par mois, de quoi payer une petite location, et n'est-ce pas là ce qui, généralement, embarrasse le plus les petits ménages ? L'on se nourrit toujours, l'on s'habille comme on peut, mais lorsqu'il faut à jour fixe trouver l'argent du loyer, que de gêne et de contrariété, et quelle vilaine figure on trouve à son propriétaire quand on n'a pu économiser de quoi le payer. Si donc vous pouvez par votre travail subvenir à cette obligation ou à toute autre, vous auriez grand tort de vous en dispenser.

Le travail acquiert et l'économie conserve : ces deux qualités nous sont donc indispensables si nous voulons améliorer notre situation. Nous ajouterons qu'elles sont inhérentes l'une à l'autre, surtout chez la femme, moins exposée que l'homme aux entraînements du dehors. La femme qui travaille et qui sait combien de peines représente une pièce de monnaie, y regardera à plusieurs fois avant de la dépenser inutilement. De même si, par extraordinaire, une femme pouvait être économe sans être travailleuse, elle le deviendrait en raison du profit qu'elle en peut retirer.

La véritable économie ne consiste pas, comme certaines personnes paraissent le croire, à nous refuser les choses nécessaires à la vie ; c'est là une erreur qui constitue ce que l'on est convenu d'appeler une économie coûteuse. Il faut au contraire chercher à nous procurer tout le bien-être compatible avec nos ressources, à condition toutefois de ne les pas absorber complètement, et d'épargner toujours quelque chose pour la vieillesse et les moments difficiles. Le bien-être est un besoin inné chez l'homme, et plus ou moins développé selon son degré d'intelligence et d'éducation. Il exerce une influence considérable sur notre santé, notre caractère, nos mœurs et les conditions générales de notre existence. Nous ne pouvons nous le procurer, si nous sommes pauvres, qu'à des conditions déterminées. La première est de savoir en régler également toutes les parties, car il ne consiste pas seulement à bien manger, à se bien vêtir, à se loger confortablement, mais en toutes ces choses réunies dans la mesure du possible. Si vous dépenser trop pour l'une d'entre elles, vous serez forcément obligée de vous restreindre sur les autres, et vous n'aurez pas un bien-être complet. C'est en cela que consiste l'art de la vraie ménagère ; il lui faut, pour réaliser cet idéal, une certaine intelligence et une assez longue pratique du ménage. Cette expérience pouvant faire défaut à la plupart des jeunes personnes, c'est pour y suppléer et en vue de faciliter votre tâche que nous vous donnerons plus loin quelques conseils appuyés de quelques chiffres.

Établissez donc votre budget de manière à avoir de tout un peu, si vous ne pouvez davantage, sans oublier de porter une certaine somme à la réserve. Ne dites pas : j'épargnerai s'il m'en reste ; mais, au contraire, je ne dépenserai que ce qui me restera après avoir prélevé sur mon salaire de chaque mois ou de chaque semaine quelque chose pour l'avenir.

Cette question de l'avenir est celle qui sans cesse doit nous préoccuper. Nous ne serons malheureusement pas toujours jeunes et valides, la vieillesse arrivera, amenant avec elle son cortège d'infirmités. Peut-être même, jeunes encore, serons-nous accablés par la maladie, par des adversités de toutes sortes ; peut-être aurons-nous à souffrir du chômage ou d'une diminution de notre salaire. Ce sont là toutes choses qu'il convient de prévoir, car, il faut bien l'avouer, l'imprévoyance de l'ouvrier est souvent la cause de ses maux. Combien parmi eux qui, après avoir eu pendant longtemps des gains relativement élevés, se sont trouvés, dans leur vieillesse ou au moindre revers, précipités dans la plus profonde misère. Epargnons donc pendant que nous le pouvons ; si nous sommes dans une situation relativement aisée, profitons-en pour réaliser des économies plus appréciables, et si nous nous trouvons dans une condition difficile, songeons qu'elle peut le devenir encore davantage. Epargnons toujours si peu que ce soit.

La sage économie dont vous ferez preuve sera d'un bon exemple pour votre mari, qui osera moins se permettre des dépenses inutiles. Encouragé d'ailleurs par les bons résultats de votre prévoyance, il aura à cœur de contribuer à votre œuvre, sa conduite sera meilleure, la paix de votre ménage plus assurée. Ainsi, l'économie, l'ordre et le travail vous procurent à tous les points de vue d'incontestables avantages.

La journée d'une ménagère

Tenue de la maison et tenue personnelle

Il ne suffit pas, dit un vieux proverbe, de se lever matin, il faut arriver à l'heure. Nous ne vous conseillerons donc pas de suivre l'exemple de certaines personnes qui, debout dès l'aube et se couchant tard, ne produisent néanmoins qu'une somme de travail tout-à-fait insuffisante. Ce régime ne tarderait pas à altérer votre santé ; vous avez tout intérêt à vous occuper sérieusement pendant la journée et à ne pas la prolonger outre mesure. Il sera généralement suffisant que vous vous leviez à cinq heures en été, à six heures en hiver, et quant à continuer fort tard votre travail, nous ne saurions vous y engager. Votre vue s'affaiblirait bientôt et les dépenses de lumière et de chauffage en hiver qu'occasionneraient vos veilles absorberaient la plus grande partie de votre supplément de gain, vous auriez ainsi travaillé sans profit ; le mieux est de ne pas prolonger votre journée au delà de neuf heures du soir. Vous ne pouvez du reste pas faire davantage, la force humaine a une limite qu'il ne faut pas dépasser ; nous risquerions, en voulant l'excéder, de compromettre notre santé, de contracter quelque maladie qui coûterait fort cher à soigner et nous empêcherait de gagner notre vie. Le soin de notre santé est sans contredit la meilleure économie que nous puissions faire ; il faut chercher à le concilier avec nos autres obligations. Il existe une hygiène spéciale pour tous les actes de la vie, il faut s'y conformer rigoureusement, c'est le moyen de conserver ce grand bien, la santé, qui tient lieu de beaucoup d'autres, et sans lequel les autres ne sont rien. Vous agirez donc sagement en occupant consciencieusement votre temps, en ne perdant pas une minute pendant la journée et en prenant d'autre part le repos nécessaire pour récupérer vos forces. De cette façon, vous travaillerez mieux et plus vite.

Votre première occupation, après que vous serez lavée et peignée et que vous aurez pris votre premier repas du matin, sera de vaquer aux soins de votre ménage. Vous remettrez d'abord en ordre votre literie, qu'en vous levant vous aurez pris soin d'exposer à l'air, puis vous brosserez votre parquet, secouerez vos tapis et essuierez vos meubles. Il sera bon qu'après chaque repas vous laviez votre vaisselle, afin d'éviter l'encombrement et de l'avoir toujours propre à votre disposition. Si votre ménage est entretenu avec soin, il ne vous demandera chaque jour que peu de temps. Il suffira qu'une fois par semaine, c'est généralement le samedi que les ménagères choisissent pour cela, vous fassiez le grand nettoyage, c'est-à-dire laver vos carreaux et vos glaces, récurer vos cuivres et votre ferblanterie, remettre en cire vos parquets, si telle est votre habitude. Nous vous engageons à cirer votre plancher plutôt qu'à le laver, ce dernier moyen ayant l'inconvénient de donner de l'humidité et d'éclabousser les meubles. L'humidité est ennemie de la propreté autant que de la santé ; dans une maison humide, rien ne reste en bon état, pas même notre corps, puisque nous y pouvons contracter des douleurs et des rhumatismes. C'est pourquoi il faut prendre soin d'aérer le plus possible votre appartement ; ne craignez pas, lorsque le temps le permet, de laisser vos fenêtres ouvertes, au risque de voir pénétrer chez vous la poussière, ce qui est désagréable, nous en convenons, mais de deux inconvénients il faut choisir le moindre. Il serait superflu de vous dire que les recoins de votre appartement doivent être aussi propres que l'endroit le plus visible, et ne doivent en aucune façon servir de réceptacle à toutes sortes d'objets dont la place est ailleurs.

Une fois votre ménage remis en ordre, il vous restera généralement un peu de temps en attendant l'heure de préparer votre déjeuner. Vous l'emploierez soit a laver, à confectionner ou raccommoder le linge et les vêtements de la famille, soit a exercer votre profession. Ne manquez jamais d'échanger contre des vêtements plus convenables ceux qui, sans être malpropres, vous servent depuis votre lever pour procéder à votre nettoyage. Il est indispensable que vous soyez en tenue propre et soignée pour l'heure à laquelle doivent revenir vos parents ou votre mari, ainsi que pour le cas où vous auriez à sortir pour acheter quelques provisions. Une jeune fille, une femme qui se respecte, ne se montrera jamais, ne serait-ce que sur le seuil de sa porte, sans être coiffée et vêtue proprement. Il n'est pas nécessaire d'être élégante, mais si modeste, si pauvre même que soit votre mise, elle peut, elle doit être toujours d'une rigoureuse propreté.

Lorsque vous aurez terminé votre déjeuner et remis en place votre vaisselle, il vous restera tout le temps de l'après-midi pendant lequel vous pourrez vous occuper sérieusement. Ne perdez pas une minute de ce temps si précieux et malheureusement si court, songez que l'heure de préparer le repas du soir arrivera vite. S'il vous est possible de travailler pour le monde, calculez ce que vous pouvez gagner en ces quelques heures, et combien cette somme, chaque jour répétée, peut vous être utile dans votre maison. Si vous avez beaucoup d'enfants et que vous perdiez votre temps, songez que ceux-ci seront les premiers à en souffrir ; votre ouvrage ne se fera pas, vous serez débordée ; le linge, les vêtements ne seront pas entretenus convenablement ; il faudra les renouveler plus souvent et se priver pour cela d'autres choses non moins indispensables. Ne manquez pas de préparer le repas pour l'heure à laquelle doivent rentrer ceux des vôtres que leurs occupations appellent au dehors. Ceux-ci, qui, souvent, reviennent harasses de fatigue, seront heureux de se réconforter par une bonne nourriture, de se reposer auprès de vous, aimante et douce, dans leur habitation saine et bien tenue. Ils vous sauront gré des efforts que vous ferez pour leur procurer ce bien-être qui leur donnera du courage et de la force pour recommencer le lendemain leur pénible labeur.

Aussitôt votre repas du soir terminé, vous rangerez votre vaisselle, balaierez votre maison et veillerez soigneusement à ce qu'aucune émanation, soit de cuisine, soit de chauffage, ne s'y concentre ; il faudra pour cela laisser vos fenêtres ouvertes pendant un certain temps avant de vous coucher.

Lorsque vous aurez ainsi, pendant toute la semaine, rempli vos obligations de bonne ménagère, vous aurez mérité de prendre le dimanche quelque distraction. Choisissez de préférence une promenade au grand air, il n'est rien de plus hygiénique, mais gardez-vous bien de dépenser ce jour-là ce que vous avez eu tant de peine à gagner pendant la semaine. C'est pourquoi nous vous faisons observer qu'il est préférable de sortir le dimanche, qui est le jour consacré au repos du plus grand nombre, et pendant lequel vous trouverez des distractions peu coûteuses.

ÉCONOMIE DOMESTIQUE

LA NOURRITURE L'HABILLEMENT

Trois jeunes sens, excellents camarades pourtant, se querellaient entre eux. Moi, disait l'aîné, je vous surpasserai tous, je serai médecin, je deviendrai célèbre et riche.—Moi aussi, dit le plus jeune, je serai médecin, mais comme j'aurai plus de talent que toi, je te prendrai ta clientèle, il ne te restera d'autre ressource que d'essayer de te faire élire député.—Vous vous trompez, mes bons amis, dit le troisième, vous ne ferez rien ni l'un ni l'autre, car moi, je serai cuisinier—Fi donc, monsieur le gâte-sauce, s'écrièrent en chœur les deux premiers!—Oui, reprit-il, je serai cuisinier, et puisque vous comptez sur les malades pour faire votre position, j'empêcherai qu'il y en ait. La plupart des médicaments, presque toujours répugnants, que vous rêvez, d'imposer à vos clients, je les donnerai aux gens bien portants sous la forme d'une nourriture confortable et saine. À vos reconstituants, a vos dépuratifs, j'opposerai d'excellent bouillon, d'appétissants rosbifs, des plantes alimentaires sagement employées, je leur conserverai ainsi la santé, ils n'auront pas besoin de vos soins et il ne vous restera plus à soigner que les maux de dents et les jambes cassées.

Ce jeune homme avait évidemment raison, une bonne nourriture dispense souvent d'aller chez le médecin, car elle prévient un grand nombre de maladies, et même dans bien des cas, la nourriture dirigée par une personne intelligente, ayant quelques notions d'hygiène, peut constituer à elle seule tout un traitement. Cette question des connaissances hygiéniques se rattachant à l'alimentation a, à notre avis, une importance très grande, tant au point de vue sanitaire qu'à celui de l'économie domestique. Par exemple une jeune femme ayant ces connaissances ne couchera pas ses enfants après leur avoir donné pour dîner de la pâtisserie ou une tartine de beurre. Elle usera d'autre part de toute son influence pour proscrire de sa maison l'usage des boissons alcooliques qui produisent de si funestes résultats. Elle fera une part égale aux mets reconstituants, tels que potages gras, viandes saignantes, et aux plantes dépuratives et rafraîchissantes, de manière à prévenir à la fois l'anémie et l'échauffement.

La nourriture, qui constitue la plus forte dépense du ménage, demande à être réglée d'une façon particulièrement sérieuse ; la plupart des jeunes personnes ne nous paraissent pas y attacher toute l'importance qu'elle comporte. Mais, nous direz-vous, tout le monde ne peut avoir une bonne nourriture, pour la raison bien simple que l'on ne peut pas toujours y mettre le prix. Nous vous ferons remarquer que l'alimentation, pour être saine et confortable, n'a pas besoin d'être composée de mets recherchés ; c'est au contraire la nourriture la plus simple, la plus naturelle, qui est la meilleure. N'avez-vous pas souvent entendu dire à bien des gens qu'ils préfèrent une fricassée de pommes de terre bien faite à un plat de viande mal réussi, c'est-à-dire que la nourriture tire son principal agrément du talent de la cuisinière et de la régularité avec laquelle elle est dirigée ? Il serait en effet très mauvais à tous les points de vue que vous fissiez excès de table pendant que votre bourse est bien garnie, au risque de vous imposer de dures privations en attendant d'autres ressources.

C'est donc à savoir parfaitement faire la cuisine que toute bonne ménagère devra s'ingénier. Elle réalisera ainsi d'importantes économies, car il est prouvé qu'une bonne cuisinière fait mieux à peu de frais qu'une autre avec une forte dépense. Ce talent n'est pas fort difficile à acquérir, il suffit d'y apporter quelque attention ; si vous n'avez pas réussi quelque mets ou si l'assaisonnement vous en a paru trop coûteux, faites une autre fois d'une manière différente et toujours ainsi jusqu'à entière satisfaction. Nous n'avons pas l'intention d'empiéter ici sur les attributions des livres de cuisine, nous nous permettrons néanmoins de vous donner quelques conseils concernant l'économie de la nourriture, conseils que ces publications ne sauraient relater.

Nous l'avons dit, l'ouvrier n'est assuré du nécessaire qu'autant qu'il sait se refuser le superflu ; cette règle, que vous devrez observer en toute circonstance, il faudra l'appliquer également à la nourriture. Bannissez de votre alimentation toutes les choses dont vous pouvez vous passer sans altérer votre santé ; le superflu est d'ailleurs aussi nuisible en toutes choses que l'insuffisance.

Vous ferez bien de réserver pour votre dîner le meilleur morceau dont vous pourrez disposer, c'est ce repas dont l'influence, bonne ou mauvaise, se fait le mieux sentir. Pour le repas de midi, une fricassée de pommes de terre ou de légumes quelconques, avec ou sans viande, et autant que possible une salade, constitueront un déjeuner suffisant. Nous vous engageons à choisir de préférence, pour votre salade, le pissenlit, le cresson et la laitue, en raison de leurs propriétés particulières. Les légumes verts ou secs, selon la saison, vous permettront de servir un plat abondant et peu coûteux ; vous donnerez toujours la préférence à la pomme de terre ; il n'est pas de légume qui puisse vous fournir un aliment plus sain, plus économique et d'autant plus agréable qu'on peut l'assaisonner de tant de manières différentes. Les œufs et le poisson, au moment où ils sont à bon marché, vous serviront à varier le menu de votre semaine.

Votre dîner se composera soit d'un potage gras avec la pièce de bœuf, soit d'un potage maigre avec un plat de viande. Le potage gras se fait avec du bœuf de première qualité et de première fraîcheur ; nous insistons sur ce dernier point d'autant plus qu'il n'en coûte pas plus cher. Si vous voulez obtenir un excellent bouillon, il est indispensable de le laisser cuire pendant six heures au moins, à partir du moment où-vous avez écume ; vous trouverez peut-être votre bœuf trop cuit, mais on ne peut tout avoir. Si vous n'êtes que très peu de monde, trois personnes par exemple, vous aurez intérêt à faire du bouillon pour plusieurs jours, il sera ainsi meilleur avec une moindre quantité de viande. En ce cas, un kilog. de bœuf vous fournira du bouillon de bonne qualité pour quatre jours, ce qui fait 250 grammes par jour ; or, avec cette quantité employée séparément, il est impossible d'obtenir un bouillon suffisant. Il est toutefois indispensable, pour le conserver, de le passer au travers d'une passoire très fine et de le mettre dans une soupière de porcelaine ; vous le garderez ainsi pendant trois jours en été et jusqu'à six jours en hiver. Il faut bien observer de ne mettre les légumes qu'une heure et demie au plus avant de servir.

Il est nécessaire de varier autant que possible votre nourriture afin de la rendre plus agréable, et dans ce but vous agirez sagement en faisant des conserves de légumes au moment opportun. Si vos ressources ne vous le permettent pas, vous pourrez toujours conserver de l'oseille, un panier de un franc vingt-cinq centimes suffit à un petit ménage pour passer l'hiver : vous la ferez cuire à petit feu avec 500 grammes de sel. Elle vous servira à faire d'excellent potage appéritif et nourrissant, surtout si vous y joignez une purée de pommes de terre. Vous ferez, aussi des potages aux poireaux, à l'oignon, aux choux. La soupe au lard ou au jambon avec des choux et autres légumes, constitue un mets agréable et peu coûteux ; si vos enfants ont l'estomac délicat, vous pourrez réserver votre plat pour le lendemain à midi et le remplacer par de la viande. Si vous avez beaucoup de monde à nourrir, nous vous engageons à faire votre potage pour le soir et le premier repas du lendemain, il remplacera avantageusement le café au lait trop débilitant et peu convenable pour certains tempéraments, ainsi que le chocolat trop coûteux.

Si les ressources dont vous disposez vous permettent d'ajouter quelque chose à votre ordinaire, le mieux sera de vous procurer un vin de qualité convenable que vous mettrez en bouteilles ; par ce moyen, il s'améliorera avec le temps au lieu de se détériorer. Les crus de l'Hérault, ainsi que le petit Bordelais, le Saint-Georges, vous fourniront un vin agréable et supportant l'eau, par conséquent économique, au prix net de cinquante-cinq à soixante centimes le litre. Il sera bien préférable que vous buviez du vin à vos repas plutôt que de sacrifier une somme parfois équivalente pour des choses nuisibles telles que l'alcool, le café. Il va sans dire, du reste, que vous ne pouvez risquer cette dépense qu'autant que vos gains vous le permettent.

Nous avons établi, pour vous servir d'exemple, l'état des dépenses de deux ménages composés : l'un, du père, de la mère et de deux enfants dont l'aîné a trois ans, l'autre, un an et demi. L'autre, du père, de la mère, de leurs parents et de quatre enfants dont l'aîné a douze ans, le plus jeune cinq ans, soit en tout huit personnes. Ces données que nous vous proposons ne sauraient constituer une règle absolue ; mais, soit que vous puissiez aller au-delà, soit qu'il vous faille rester en-deçà des chiffres qui y sont consignés, elles pourront vous indiquer d'une manière générale la tenue de votre maison.

* * *

1er.—Le mari, petit employé, gagne cent francs par mois.—Sa femme, travaillant pour la fabrique, aidée d'une apprentie, gagne en moyenne un franc cinquante centimes par jour, soit par mois, quarante-cinq francs.

Pour logement, une pièce sur le devant servant de chambre à coucher, une autre à la suite faisant office de cuisine, de salle à manger et de travail, pour quinze francs par mois.

MENU DE LA SEMAINE (EN OCTOBRE)

SAMEDI	
Déjeuner.	Pommes de terre au lard, salade.
Dîner.	Potage gras.
DIMANCHE	
Déjeuner.	Le reste du bœuf, salade.
Dîner.	Potage gras, veau rôti aux carottes.
LUNDI	
Déjeuner.	Fricassée de haricots, pêches de vigne.
Dîner.	Le reste du potage gras au vermicelle, le reste du veau.
MARDI	
Déjeuner.	Omelette au lard, fromage.
Dîner.	Potage poireau, gigot braisé.
MERCREDI	
Déjeuner.	Choux au lard, noix et raisin.
Dîner.	Potage gras.
JEUDI	

Déjeuner.	Fricassée de pommes de terre, salade.
Dîner.	Le reste du potage gras, rosbif.
VENDREDI	
Déjeuner.	Harengs, salade.
Dîner.	Potage à l'oseille, foie de veau.

* * *

Voici maintenant le prix approximatif de ce menu :

* * *

SAMEDI			
Déjeuner.	1 kil. de pommes de terre longues rouges,	0.15	
	Lard, oignons,	0.15	
	Salade,	0.15	
Dîner.	750 grammes bœuf,	1.35	

	Légumes,	0.15	1.95
DIMANCHE			
Déjeuner.	Le reste du bœuf,	» »	
	Salade,	0.15	
Dîner.	Le potage de la veille,	» »	
	Veau, ½ kil.,	1. » »	
	Carottes, oignons, lard, etc.,	0.40	1.55
LUNDI			
Déjeuner.	1 kil. haricots,	0.25	
	Lard, etc.,	0.15	
	Pêches,	0.10	
Dîner.	Le reste du potage et du veau, vermicelle,	0.10	0.60
MARDI			
Déjeuner.	5 œufs,	0.50	
	Lard,	0.10	
	Fromage,	0.10	
Dîner.	Beurre et	0.20	

	poireaux,		
	375 grammes gigot,	0.90	1.80
MERCREDI			
Déjeuner.	Choux,	0.25	
	Lard, etc.,	0.25	
	Dessert,	0.15	
Dîner.	½ kil. bœuf,	0.90	
	Légumes,	0.10	1.65
JEUDI			
Déjeuner.	Pommes de terre jaunes, 1 kil.,	0.10	
	Lard, farine, etc.,	0.15	
	Salade,	0.15	
Dîner.	Le reste du potage,	» »	
	375 grammes bœuf à 1.20,	0.90	1.30
VENDREDI			
Déjeuner.	6 harengs,	0.45	
	Salade,	0.15	

Dîner.	Beurre, oseille et purée,	0.25	
	375 grammes foie de veau,	0.90	1.75
		—	
			10.60

Pour 7 jours, 10 fr. 60, soit par jour,	1.50	
Goûter de 4 heures,	0.15	
Premier repas du matin, consistant en chocolat,	0.30	
1 kil. de pain,	0.30	
	—	
Par jour,	2.25	
Soit par mois,	67.50	
Réserve pour société mutuelle,	15.»»	

Loyer,	15.»»	
Chauffage en moyenne,	5.»»	
Eclairage id.	2.50	
	———	
Dépenses,	105.00	
Gains,	145.»»	
	———	
Il reste	40. fr.	par

mois, soit 480 fr. par an, pour l'habillement et les menus frais. Il est à remarquer que nous vous présentons un devis d'une nourriture très confortable et de première qualité.

Voici maintenant l'état des dépenses d'une assez forte famille, d'une robuste santé. Le père, menuisier, gagne 4 fr. 50 par jour, soit pour 26 jours de travail 117 fr. par mois. Son vieux père, ancien ouvrier de la maison, employé à de petits ouvrages, ne gagne en moyenne que 2 fr., soit 60 fr. par mois. La femme, aidée de sa mère, gagne en moyenne 1 fr. 25 cent, par jour, soit 37 fr. En tout, par mois, 214 fr.

La famille occupe un petit rez-de-chaussée composé d'une pièce sur le devant servant aux parents de chambre a coucher. Une autre pièce plus grande, dans laquelle couchent les enfants sous la garde de leur grand'mère, et qui sert aussi à la mère pour son travail ; le grand-père a un lit portatif dans la cuisine. Ce logement coûte 25 fr. par mois.

Menu de la semaine

SAMEDI

Déjeuner.	Pois au lard, fromage campagne.
Dîner.	Potage gras.

DIMANCHE

Déjeuner.	Fricassée de pommes de terre, salade.
Dîner.	Potage à l'oseille, lapin rôti aux pommes de terre.

LUNDI

Déjeuner.	Fricassée de haricots, salade.
Dîner.	Potage gras.

MARDI

Déjeuner.	Pommes de terre au lard, salade.
Dîner.	Potage poireaux, mouton au riz.

MERCREDI

Déjeuner.	Choux au lard, fromage campagne.
Dîner.	Potage gras.

JEUDI

Déjeuner.	Fricassée de poitrine de veau,

	pommes de terre, fruits.
Dîner.	Soupe au jambon et légumes.
VENDREDI	
Déjeuner.	Pommes de terre au blanc, salade.
Dîner.	Potage à l'oseille, veau rôti aux carottes.

* * *

PRIX DE CE MENU			
SAMEDI			
Déjeuner.	Pois,	0.40	
	Lard, etc.	0.20	
	Fromage,	0.15	
Dîner.	Bœuf, 1 kil.,	1.80	
	Choux et légumes,	0.25	2.80
DIMANCHE			
Déjeuner.	$2^k 500$ pommes de terre,	0.20	
	Lard, farine, etc.,	0.20	
	Salade,	0.30	
Dîner.	Lapin, 750	1.50	

	grammes,		
	Pommes de terre, oignons, lard,	0.30	
	Beurre, oseille et purée pour potage,	0.30	2.80
LUNDI			
Déjeuner.	Haricots,	0.50	
	Lard, etc.,	0.20	
	Salade,	0.30	
Dîner.	Bœuf, 1 kil.,	1.80	
	Légumes,	0.25	3.05
MARDI			
Déjeuner.	Pommes de terre rouges, 2 kil. 500,	0.30	
	Lard, oignons,	0.20	
	Salade,	0.30	
Dîner.	Beurre, poireaux,	1.30	
	Mouton, 750 gram.	1.35	
	Riz, lard, farine, etc.,	0.40	2.85

MERCREDI			
Déjeuner.	Choux,	0.30	
	Lard, etc.,	0.30	
	Fromage,	0.15	
Dîner.	Bœuf, 1 kil.,	1.80	
	Légumes,	0.20	2.80
JEUDI			
Déjeuner.	Poitrine de veau, 750 grammes,	1.20	
	Pommes de terre, lard, oignons,	0.30	
	Pommes,	0.10	
Dîner.	Jambon ou lard maigre	0.80	
	Légumes,	0.30	2.70
VENDREDI			
Déjeuner.	Pommes de terre jaunes, 2 kil. 500,	0.20	
	Beurre, farine, œuf, etc.,	0.30	
	Salade,	0.30	

Dîner.	Beurre, oseille, purée,	0.30	
	Veau, 750 grammes,	1.50	
	Carottes, lard, oignons,	0.50	3.10
			———
			20.10

* * *

Pour 7 jours, 20 fr. 10, soit par jour	2.85	
Goûter des enfants et supplément pour les hommes au potage du matin,	0.30	
3 kil. pain,	0.90	
	———	
Par jour,	4.05	

Soit par mois,	121.50	
Réserve,	15. » »	
Loyer,	25. » »	
Chauffage, en moyenne,	5.00	
Eclairage, id.	2.50	
	———	
Dépenses,	169.00	
Gains,	214.00	
	———	
Il reste	45. fr.	par

mois, soit 540 fr. par an pour l'habillement et les menus frais.

Nous avons banni, et pour cause, toute dépense inutile. Il reste le devis d'une nourriture abondante, confortable et saine. Toutes les obligations sont remplies. Il reste quelque chose à la réserve qui pourrait servir en cas d'adversité. Et cela malgré la modicité du salaire de ces deux ménages.

L'HABILLEMENT

Nous ne pouvons vous offrir, concernant l'habillement, des données absolument précises, car il est subordonné à différentes considérations : à notre situation sociale et pécuniaire d'abord, à notre profession, à nos relations dans le monde et aux habitudes que nos parents ont cru devoir nous faire contracter. Il est évident qu'une ouvrière ne peut ni ne doit s'habiller comme une personne riche, de même qu'une jeune fille employée chez une modiste ou dans un magasin quelconque est obligée à plus de tenue qu'une personne travaillant en fabrique. Nous devrons donc, en ce qui concerne cet article de notre budget, consulter avant tout notre bourse, c'est le plus sûr moyen de ne pas nous tromper. Faisons d'abord la part des choses indispensables, telles que linge, chaussures, vêtements pour ceux des nôtres qui vont au dehors, pour les enfants allant à l'école. Ne désirons rien de plus pour eux et pour nous qu'une absolue propreté. Gardons-nous bien de faire, pour notre toilette, des dépenses en disproportion avec nos ressources. Il est d'ailleurs facile à une femme intelligente d'être fort bien habillée à peu de frais. Il est indispensable pour cela que la femme sache confectionner ses vêtements et ceux de sa famille, ce talent fait partie essentielle des connaissances que doit acquérir toute personne qui veut être une ménagère sérieuse. Nous réaliserons ainsi d'importantes économies, car le coût de façon d'une robe dépasse souvent le prix d'achat ; et puis il est une bonne fée qui prend plaisir à allonger entre nos mains le métrage de l'étoffe, tandis qu'un mauvais génie le rétrécit entre celles de nos couturières.... pas toujours cependant, mais si souvent.... Nous avons vu cet été, au prix de 65 centimes le mètre, un choix d'étoffes de coton, de différents dessins, faciles à assortir, dont avec quelque habileté on eût pu faire une toilette ravissante. En prenant 18 mètres d'étoffe pour le costume, y compris la fausse jupe,

Soit	11.70
Doublure,	2.»»
Baleines, crin, cerceaux, boutons, etc.,	3.»»
	———
	16.70

soit pour 17 fr. une toilette que vous porterez facilement pendant deux étés, et qui sera des plus distinguées selon là nuance que vous aurez choisie, le bon goût qui aura présidé à sa confection et à l'assortiment de tous les objets composant votre habillement. Lorsqu'elle sera hors d'état de vous servir comme toilette, vous en ferez une robe d'intérieur que vous porterez l'après-midi, après que vous aurez terminé votre ménage, puis un jupon de dessous, puis des doublures ; c'est ainsi que vous utiliserez vos étoffes jusqu'à usure complète.

Si vous pouvez avoir pour l'hiver une robe de sortie, choisissez-là de préférence noire ou de nuance très foncée : elle sera ainsi toujours à la mode, surtout si vous avez adopté une façon à la fois élégante et simple, ne datant pas. Il faudra prendre, autant que possible, pour ce costume, une étoffe de bonne qualité, se brossant bien et pouvant être longtemps portée.

Étoffe noire, largeur 1 mètre 20, 8 mètres, à 3 fr.	24.»»
3 mètres 50 alpaga, pour fausse jupe, à 1 fr.,	3.50
Faux ourlet,	1.50
Doublure,	2.50

Baleines, crin, cerceaux, boutons, etc.,	3.50
50 centimètres velours ou fantaisie, pour col et manches,	4.»»
	———
	39.»»

Soit pour 40 francs un costume solide et sérieux.

En vertu de cet axiome qu'il coûte moins cher d'entretenir que de bâtir, vous raccommoderez soigneusement votre linge et vos vêtements, de façon à ce qu'ils soient toujours propres et à les renouveler le moins souvent possible. En appliquant il votre habillement la sage économie avec laquelle vous réglez les autres dépenses de votre maison, vous arriverez à remplir exactement vos obligations et vous jouirez d'un véritable bien-être.

CONCLUSION

Nous ne savons, chères lectrices, si malgré notre désir de vous être utile, nous avons répondu d'une manière satisfaisante a l'attente des personnes autorisées qui veulent vous doter d'un livre utile et sérieux, pouvant vous servir de guide dans toutes les circonstances de la vie. Nous avons pensé que le meilleur moyen de vous disposer à bien remplir tous vos devoirs était de vous en démontrer les avantages, ainsi que les inconvénients qui pourraient résulter de la négligence dans leur accomplissement. Nous nous sommes inspirée en cela des idées mêmes de Mme Doyen, trop heureuse si, par notre concours, nous pouvons apporter une petite pierre à ce grand édifice, œuvre de cette bienfaitrice de vos familles. Laissez-nous toutefois, en terminant, vous adresser une prière : Peut-être y en aura-t-il parmi vous qui, ayant mis en pratique les sages leçons qu'elles ont reçues et favorisées par les circonstances, parviendront à une meilleure situation de fortune. Ne vous refusez pas alors la satisfaction la plus noble et la meilleure qui puisse exister. Faites le bien, il n'est pas de plaisirs, pas de fêtes qui laisseront dans vos cœurs un sentiment plus réconfortant et plus doux. Faites le bien, imitez en cela le noble exemple que nous a légué Mme Doyen, et rendez à d'autres, s'il se peut, les sages conseils et les encouragements que vous-mêmes avez reçus. Il appartient à ceux qui ont gravi les degrés de l'échelle sociale de tendre la main à ceux qui restent, c'est la meilleure manière de pratiquer la solidarité. Vous verrez autour de vous des gens qui, parvenus à une position meilleure, seront moins heureux que par le passé, parce que leur cœur ne sera pas à la hauteur de leur intelligence et qu'ils auront cherché le bonheur dans les apparences trompeuses d'une vie de luxe, dans de vaines satisfactions d'amour-propre. Peut-être même, par cette dérogation à leurs habitudes premières, auront-ils à jamais compromis le fruit de leurs travaux. Quant à vous, compatissantes et bonnes, vous trouverez, le bonheur dans le noble usage que vous ferez de votre fortune, selon cette parole du grand poète V. Hugo, que la plus belle fête, comme le plus bel autel, c'est l'âme d'un malheureux soulagé qui remercie Dieu.

É. Roch